KB268682

삼한통일 고려 창업의 역사

오산의 역사

이담
BOOKS

오산의 역사

박혜범 지음

이담
BOOKS

전남 구례군(求禮郡) 문척면(文尺面) 죽마리(竹麻里)에 소재한 오산(鰲山, 531m)의 옛 이름인 구령(甌嶺)은 856년 혜철국사(惠哲國師)가 장차 나라는 삼국(三國)으로 나눠지고 백성들은 서로가 서로를 증오하며 죽이고 죽는 전란(戰亂)의 구렁에 빠질 것을 예견하고, 나라를 구하고 도탄에 빠진 백성들을 안락하게 하려는 원력으로 하늘이 만들어 놓은 노적(露積)가리인 이 오산 봉우리 암벽에 약사여래(藥師如來)를 조성하여 모신 역사에서 비롯된 이름이다.

이 바위 봉우리를 의지하고 있는 사성암(四聖庵)은 혜철국사가 도선국사에게 산천비보를 교육 전수하면서 세운 도선사(道詵寺)였으며, 도선사는 삼수(三水) 즉, 섬진강과 보성강이 합하는 압록(鴨綠)을 중심으로 본사(本寺)인 동리산(桐裏山) 태안사(泰安寺) 그리고 논곡리(論谷里 가정리) 천마산(天馬山) 황룡사(黃龍寺)와 함께 삼태극(三太極)의 핵심으로 혜철국사가 세상을 구할 도참을 도선국사에게 전하여 왕건으로 하여금 삼한을 통일 고려를 창업케 한 역사의 현장이며, 고려 말 진각국사가 선문염송(禪門拈頌)을 집필하여 한국불교의 역사와 그 자존심을 밝혀주는 성스러운 현장이다.

필자가 지난 2009년 1월 10일 혜철국사가 동리산 태안사에 주장자를 세우고 한 송이 회삼귀일(會三歸一)의 연꽃으로 치켜든 섬진강 통합사상 삼한통일의 역사를 정리한 "동리산(桐裏山) 사문비보(沙門禆補)"를 출간하여 태안사에서 비롯된 고려 창업의 역사를 밝히고, 이제 섬진강 통합사상의 한 축이었던 여기 오산에 올라 찬란했던 오산의 역사를 정리하는 것은 오늘날 잘못 왜곡된 사성암 즉, 오산의 역사를 바로 세워 우리시대의 폐단인 지역주의 패거리정치를 일소하여 국민화합으로 21세기 남북통일을 이루는 계기가 되기를 바라는 염원이다.

이에 내 비록 머리에 서리를 이고 병든 몸이지만, 마음의 정성을 보인 것이니, 보는 이들은 혜철국사가 섬진강 푸른 물에 띄워놓은 삼한통합사상 회삼귀일이라는 한 송이 연꽃만 보고 감상할 뿐 특별한 오해가 없기를 바란다.

끝으로 최근 사성암을 중건할 당시 길을 내고 돌을 쌓아 터를 다지는 등 기초공사를 책임 맡았고 오산의 역사를 찾기 위해 수없이 방문하는 필자를 위하여 갈 때마다 성심껏 안내하여준 구례읍 조휴봉(趙休鳳) 님께 감사의 인사를 드린다.

2010년 산국(山菊)이 피는 동악산 누옥에서

박혜범 씀

차례

제1장

오산의 역사

오산(鼇山)의 전경

　오산(鼇山)의 옛 이름인 구령(甌嶺)은 856년 혜철국사가 이 산봉우리 암벽에 조성하여 모신 약사여래부처님을 말하는 것으로 부처님이 "사발(沙鉢)을 들고 있는 봉우리"라는 뜻이며, 이는 영원히 마르지 않은 곡식더미를 쌓아둔 노적가리 위에 서서 사발을 들고 세상의 중생을 구하고 있는 약사여래를 말하는 것으로 영원한 자비와 구원의 상징이며, 곡식더미 위에 앉아 군신지례(君臣之禮)의 의식을 치르고 고려를 창업한 왕건은 노적가리 위에 서서 대자대비의 사발을 들고 세상의 중생을 영원히 구하고 있는 이 오산 봉우리 암벽에 모신 약사여래의 상징이며 화신(化身)이었다.

　전남 구례군(求禮郡) 문척면(文尺面) 죽마리(竹麻里)에 소재한 오산(鼇山, 531m)은 혜철국사(惠哲國師)[1]가 장차 나라는 삼국(三國)으로 나뉘고 백

---

1) 혜철국사[惠哲國師, 785~861(원성왕 1~경문왕 1)]: 통일신라시대 승려. 속성은 박씨(朴氏), 자는 체공(體空). 경주(慶州) 출생. 동리화상(桐裏和尙)이라고도 한다. 16세에 출가하여 806년(애장왕 7) 구족계를 받았다. 814년(헌덕왕 6) 당(唐)나라에 건너가 지장선사(地藏禪師)로부터 가르침을 받고, 서주(西州) 부사사(浮沙寺)에서 3년간 대장경을 탐독하였다. 839년

성들은 서로가 서로를 증오하며 죽이고 죽는 전란(戰亂)의 구렁에 빠

질 것을 예견하고, 나라를 구하고 도탄에 빠진 백성들을 안락하게

하려는 원력으로 하늘이 만들어 놓은 노적(露積)가리2)인 이 오산 봉

우리 암벽에 약사여래(藥師如來)3)를 조성하여 모시고, 그 동쪽 계곡에

끊임없이 쌀이 솟아 나온다는 의미의 미점사(米岾寺)를 세운 뒤 오산

봉우리 암벽 위에 하늘과 땅의 기운을 하나로 화합하는 도선사(道詵

寺)를 세우고 도선국사(道詵國師)4)에게 은밀하게 도참을 전하여 왕건(王

(문성왕 1) 귀국하여 지금의 전라남도 곡성군(谷城郡) 죽곡면(竹谷面)의 동리산(桐裏山) 태안
사(太安寺: 지금의 泰安寺)에 거주하면서 설법을 베풀었다. 선문(禪門) 9산의 하나인 동리산
파의 법회를 열고 개조가 되었다. 문도로는 도선(道詵) 등이 있다. 탑호는 조륜청정(照輪淸
淨), 시호는 적인(寂忍).

2) 노적(露積)가리: 농가의 마당이나 넓은 터에 원통형으로 쌓아 둔 곡식단. 대부분 볏단이나 보
릿단·조단 등이다. 곡식알이 붙은 쪽을 안으로 하고 뿌리 부분을 바깥쪽으로 하여 곡식 단을
포개어 2m 정도로 쌓고, 그 위에는 비나 눈을 맞지 않게 삿갓 모양으로 엮은 덮개를 씌워 장
기간 두게 된다.

3) 약사여래(藥師如來): 티베트·중국·한국·일본 등지에서 널리 숭배되는, 온갖 병을 치료해
준다는 부처. 약사여래에 대한 민간신앙에 따르면 어떤 병들은 단지 그의 상을 만지거나 그의
이름을 소리 내어 부르기만 해도 효과적으로 치료된다고 한다. 그러나 증세가 심각한 병들은
약사여래의 숭배와 관련된 주요경전에서 제시하고 있는 복잡한 의례 행위를 치러야 고쳐진다.
약사여래는 구원불(久遠佛)의 하나인 아축불(阿閦佛, Akṣobhya)과 동일시되기도 하며 동방
의 극락세계를 주재하고 있다고 하는데, 일본의 몇몇 종파에서는 그를 또 다른 구원불인 비로
자나(毘盧遮那, Vairocana)와 동일시하기도 한다. 한국에서는 통일신라 초기부터 약사여래에
대한 신앙이 크게 성행하여 약사여래 관련 경전에 대한 연구가 본격적으로 이루어졌으며, 탑
의 기단이나 1층 탑신에 약사여래의 권속을 조각하는 것이 널리 유행하기도 했다. 고려시대에
는 특히 거듭되는 국가적 위기에 대처하기 위하여 약사여래를 본존으로 하는 기원 법회, 곧
약사도량(藥師道場)이 자주 열렸다. 오늘날에도 약사여래는 한국에서 석가모니불·아미타
불·미륵불과 함께 가장 널리 신봉되는 부처의 하나이다. 일본에서 약사여래에 대한 숭배는
헤이안 시대(平安時代, 794~1185)에 가장 성행했는데, 오늘날에도 천태종·진언종·선종
계통 종파들은 약사여래를 각별히 숭배하고 있다. 일본에서 약사여래는 흔히 약이 담긴 그릇
을 한 손에 들고 있는 푸른 피부의 부처로 묘사된다. 티베트에서는 흔히 약용 과일인 미로발
란 열매를 들고 있는 것으로 묘사된다. 약사여래가 거느리고 있는 권속 가운데 12신장(十二
神將)은 독실한 불교도들을 보호하는 역할을 맡고 있는데, 중국의 불교도들은 나중에 그 신장
들을 중국 역법에 있어서의 12지(十二支)와 연관시켜서 생각하게 되었다. 〈약사경(藥師經),
Bhaiṣajyaguru Sūtra〉은 4차에 걸쳐 한문으로 번역되었는데, 그 최초의 번역본은 동진시대
(東晉時代, 317~420)에 나왔다. 티베트어로도 2차례에 걸쳐 번역되었다.

4) 도선(道詵, 827~898): 통일신라의 승려, 속성 김(金). 호 옥룡자(玉龍子). 전남 영암(靈岩)
출생. 15세에 월류산(月留峰) 화엄사(華嚴寺)에 들어가 승려가 되어 불경을 공부하고, 4년 만
인 847년(문성왕 9) 대의(大義)를 통달, 신승(神僧)으로 추앙받았다. 이때부터 수도행각에 나

建, 918~943)5)으로 하여금 전란의 구렁에 빠진 삼한(三韓)의 백성들을 하나로 화합하고 국가를 통합, 나라와 백성들을 다시 하나로 융합(融合)하는 삼한통합의 횃불을 들고 삼한을 통일, 고려를 창업케 한 역사의 현장이며, 곡식터미 위에 앉아 군신지례(君臣之禮)6)의 의식을 치르고 고려를 창업한 왕건은 이 오산 봉우리, 즉 하늘이 만들어 놓은 풍요로운 노적가리 위에 서서 대자대비의 사발을 들고 세상의 중생을 영원히 구하고 있는 약사여래의 상징이며 화신(化身)7)이었다.

____

서 동리산(桐裡山)의 혜철(惠徹)을 찾아가 무설설무법법(無說說無法法)을 배웠으며, 비밀하게 도침(圖讖)을 전해 받고 왕건으로 하여금 고려를 세우게 한 고승이다. 보다 더 자세한 것은 필자의 저서 "동리산 사문비보"(2009년 1월 10일, 도서출판 박이정 간행)를 참고하기 바람.

5) 왕건(王建): 고려 제1대 왕(918~943). 성은 왕(王), 이름은 건(建), 자는 약천(若天). 송악(松嶽) 출생(동리산 태안사사적에는 동리산 출생으로 되어 있으며 평산 신씨(平山申氏) 가문에 전하는 이야기는 동리산 출생으로 신숭겸의 이복동생으로 되어 있다). 아버지는 금성태수(金城太守) 융(隆)이며 어머니는 한 씨(韓氏)이다. 895년(신라 진성여왕 9) 아버지를 따라 궁예(弓裔)의 부하가 된 뒤 900년(효공왕 4) 광주(廣州)·충주(忠州)·청주(淸州) 등의 군현을 평정하였으며 903년(효공왕 7) 수군을 이끌고 후백제의 금성군(錦城郡) 등을 공격하여 함락시키는 등 많은 전공을 세우고 913년 파진찬(波珍飡)에 올라 시중(侍中)이 되었다. 그 뒤 궁예가 난폭한 행동으로 민심을 잃자 918년 강대해진 세력을 바탕으로 홍유(洪儒)·배현경(裵玄慶)·신숭겸(申崇謙)·복지겸(卜智謙) 등의 추대를 받아 궁예를 내쫓고 왕위에 올랐다. 그는 국호를 고려(高麗), 연호를 천수(天授)라 정한 뒤 이듬해 송악으로 도읍을 옮겼다. 935년 신라 경순왕(敬順王)의 항복을 받고, 후백제 견훤(甄萱)과 아들 신검(神劍)과의 싸움이 벌어진 틈을 타서 견훤을 포섭하고 신검을 공격하여 멸망시킴으로써 마침내 후삼국을 통일하였다. 건국이념으로 융화정책·북진정책·숭불정책을 내세워 국가의 토대를 마련하였다. 신라와 후백제 유민들을 포섭, 융화·결혼정책을 쓰고 지방 호족들을 회유, 무마하는 한편, 서경(西京)을 개척하고 여진(女眞)을 공략하였으며 불교를 호국신앙으로 삼아 각 지역에 절을 세웠다. 태조는 통일 직후 ≪정계(政誡)≫, ≪계백료서(誡百寮書)≫를 저술하여 정치의 귀감으로 삼게 하였고 943년 ≪훈요십조(訓要十條)≫를 유훈으로 남겼는데 그의 정치사상이 엿보이는 귀중한 자료이다. 능호는 현릉(顯陵), 시호는 신성(神聖).

6) 군신지례(君臣之禮): 임금과 신하가 서로 갖추어야 할 예절.

7) 화신(化身): 불신(佛身)을 그 성질상 3가지 종류로 나누어 표현한 것. 법신(法身)·보신(報身)·화신(化身)의 삼신설이 가장 보편적이며, 자성신(自性身)·수용신(受用身)·변화신(變化身)의 삼신설도 채용된다. 법신은 진리를 인격화한 진리불(眞理佛)로서 부처의 생신(生身)에 상대하여 일컫는 말이며, 수행의 결과로서 실현되는 행불(行佛)이 아니라 본래부터 그렇게 존재하는 이불(理佛)이다. 보신은 보살이 수행 정진한 과보(果報)에 의해 얻어지는 원만한 불신인데, 실제 신앙의 대상으로 받들리는 보신불로는 아미타불(阿彌陀佛)과 약사여래(藥師如來) 등이 있다. 화신은 응신(應身) 또는 응화신이라고도 하는데, 교화할 대상에 따라 일시적으로 적절한 모습을 화작(化作)하는 불신이다. 관세음보살은 33가지 모습으로 몸을 나타내어 중생을 구제하고, 지장보살(地藏菩薩)은 승려의 모습을 취한 화신으로서, 성문(聲聞)의 모습으

이러한 유서 깊은 역사를 간직한 오산과 이 산봉우리 바위틈에 깃들은 암자가 처음 역사 속에서 나오는 것은, 1149년 고려 제18대 왕 의종(毅宗)8)의 명으로 최유청(崔惟淸)9)이 비문(碑文)을 지은 광양 옥룡사(玉龍寺)10) 도선국사 비문에 기록된 것으로, 오산은 구령(甌嶺)이라 하였고, 절은 858년(헌안왕 2)에 세운 도선사(道詵寺)였다.

로 중생을 제도한다고 한다. 한국에서는 여러 가지 불신설(佛身說) 가운데 이 삼신설이 가장 많이 채택되었고, 신라 때 원효(元曉) 이후 깊이 연구되어 교학사상(敎學史上) 중요한 위치를 차지하였다. 또한 한국의 사찰에서는 선종에서 말하는 십불명(十佛名) 중 청정법신(淸淨法身) 비로자나불(毘盧舍那佛), 원만보신(圓滿報身) 노자나불(盧舍那佛), 천백억화신(千百億化身) 석가모니불 등의 삼신불을 많이 봉안하고 있다. 이는 천태종(天台宗)의 설을 선종에서 채택한 것으로 고려 중기 이후, 특히 조선시대에 보편화되었다.

8) 의종(毅宗, 1127~1173): 고려의 제18대 왕(재위, 1146~1170). 호: 시호 장효(莊孝) 별칭: 휘 현(晛), 자 일승(日升), 초명 철(徹). 활동분야: 정치. 인종의 맏아들. 어머니는 공예태후(恭睿太后) 임씨(任氏). 비는 강릉공(江陵公) 온(溫)의 딸 장경왕후(莊敬王后). 계비는 참정(參政) 최단(崔端)의 딸 장선왕후(莊宣王后). 1146년 인종의 뒤를 이어서 즉위 방종했으나 문학을 좋아하고 문신들을 우대하는 반면 무신들은 천대하였다. 1170년 정중부(鄭仲夫)·이의방(李義方) 등이 난을 일으켜 폐위되었으며 거제도(巨濟島)로 쫓겨났다. 1173년(명종 3) 김보당(金甫當)의 복위운동이 실패하자 계림(鷄林 : 慶州)에 유폐되었다가 살해되었다.

9) 최유청(崔惟淸): 고려 중기 문신·학자. 자는 직재(直哉). 본관은 동주(東州 : 鐵原). 예종 때 문과에 급제, 직한림원(直翰林院)이 되었으나 인종 초에 이자겸(李資謙)의 간계로 파직되었다. 이자겸이 몰락한 뒤 내시(內侍)에 속했다가 1132년(인종 10) 예부원외랑(禮部員外郞)으로 진주사(陳奏使)가 되어 송(宋)나라에 다녀왔다. 1142년 간의대부(諫議大夫)로서 금(金)나라에 다녀온 뒤 병부상서를 거쳐 지문하성사·참지정사 판상서 형부사 등을 지냈고, 1151년(의종 5) 판병부사(判兵部事)를 겸직하였으나 좌천당하였다. 명종 때 수사공집현전대학사판예부사(守司空集賢殿大學士判禮部事)로 지냈으며, 정중부(鄭仲夫)의 난 때에는 덕망이 높아 무신들의 보호를 받기도 하였다. 저서에 ≪남도집(南都集)≫, ≪유문사실(柳文事實)≫, ≪최문숙공집(崔文淑公集)≫ 등이 있으며, 글씨에 ≪선각국사비(先覺國師碑)≫가 있다. 시호는 문숙(文淑).

10) 옥룡사(玉龍寺): 전라남도 광양시 옥룡면(玉龍面) 운평리(雲平里) 현무산(玄武山) 중흥산성(中興山城)에 있던 절, 지금의 중흥사가 옥룡사다. 임진왜란 당시 의병(義兵)들과 승병(僧兵)들의 훈련장이었던 옥룡사는 왜군의 침입으로 격전을 치른 끝에 수많은 승병과 의병들이 모두 전멸하고 산성이 함락될 때 불타 버렸다. 이후 어느 해인가 작은 암자가 건립되어 여승의 힘으로 명맥을 유지해 오다가 여순반란사건(麗順叛亂事件)으로 다시 불바다가 되어 폐찰된 이후 1958년 처음으로 사찰 복원을 시작하였으며, 그때 중흥산성에 있는 절이라는 뜻으로 그 이름을 지었고, 1963년 지금의 주지 도성(道性)스님이 들어와 각고의 노력 끝에 오늘에 이르렀으며, 현재는 광양 불교신도회 명의로 등록되어 있다고 전한다. 유물로는 통일신라시대 만들어져 보물 제112호로 지정된 삼층석탑이 있다. 이 탑은 원래 국보 제103호인 쌍사자석등(雙獅子石燈)과 함께 있었으나, 석등(石燈)은 광주 국립박물관으로 옮기고 지금은 삼층석탑만 남아 있다.

　도선국사 비문에서 이 오산 봉우리를 구령(甌嶺), 즉 '사발(沙鉢)[11]봉우리'라 이름한 것은, 서두의 사진에서 보듯이 마치 곡식더미를 쌓아 둔 노적(露積)가리와 같은 모습의 산 정상에 형성된 또 다른 봉우리 암벽에 모셔진 동방정유리세계(東方淨瑠璃世界)의 교주인 약사여래를 상징한 것으로, 부처님이 사발을 들고 있는 봉우리, 즉 곡식더미를 쌓아 둔 노적가리 위에 서서 사발을 들고 세상의 중생을 차별 없이 구하고 있는 약사여래를 도참(圖讖)[12]으로 감춘 것으로 영원한 자비와 구원의 상징이다.

　856년 신인(神人),[13] 즉 혜철국사가 도선국사에게 산천비보(山川裨補)를 교육 전수하면서, 구령 암벽에 왼손에 사발을 들고 중생을 구제하는 약사여래를 음각(陰刻)[14]으로 조성하여 모시고, 오산 동쪽 계곡 돌담불[15] 위에 끊임없이 쌀이 솟아 나온다는 의미의 미점사(米岾寺)를 세우고, 이어 858년 하늘과 땅에 이는 기(氣)를 한데 모아 하나로 화합하는 도선사(道詵寺)를 세웠는데, 산의 모양과 약사여래와 미점사와 도선사를 배치한 구조를 보면, 약사여래가 노적가리 위에 서서 사발을 들고 세상의 중생을 영원히 구하고 있는 형국으로, 이는 혜철국

---

11) 사발(沙鉢): 〈명사〉 아래는 좁고 위는 넓게 만들어 밥이나 국을 담는 데 쓰이는 사기 그릇. 도토·장석·규석·백토 등을 원료로 하여 만든다. 몽골어의 사바(Saba: 그릇)에서 비롯되었으며 일본에서는 사하치(砂鉢)라 한다. '沙鉢(사발)'이라고 적기 때문에 단순히 한자어로 생각하기 쉬우나 중국에서는 찾아보기 어려운 낱말이다. 그러므로 이 낱말은 순우리말일 가능성도 배제할 수 없다. 또는 우리나라에서 만들어 낸 한자어일 수도 있다.

12) 도참(圖讖): 〈명사〉 미래의 길흉에 관해 예언하는 술법이나 또는 그러한 내용이 적힌 책. 미래기·정감록 따위.

13) 신인(神人): 〈명사〉 일반적으로는 신통력(神通力)을 가진 사람 또는 특별한 능력을 가진 사람, 신과 같은 거룩한 사람, 부처님을 뜻하기도 한다. 여기서는 혜철국사를 지칭한 것이다.

14) 음각(陰刻): 〈명사〉 ≪미술≫ 평면에 글씨나 그림 따위를 옴폭 들어가게 새김. 또는 그러한 조각. 〈반의어〉 양각(陽刻). 음각 - 하다.

15) 돌담불: 〈명사〉 산이나 들에 모여 쌓인 돌무더기. 일명 '너들강·너들지대'

사가 동방정유리광세계를 이 땅에 시현(示現)하여, 오래지 않아 셋으로 나뉘어 전란의 구렁에 빠질 나라를 구하고 백성들을 안락하게 하려는 비원(悲願)16)에서 비롯된 비보(裨補)17)였다.

특히 "고려사절요(高麗史節要)"18)의 기록을 보면 918년 6월 15일 밤 신숭겸(申崇謙)19)을 비롯한 여러 장수들이 잠자는 왕건을 일으켜 세워 혁명을 할 때 다음 날 16일 새벽 여러 장수들이 태조를 부축하고 나와 "여명(黎明) 좌어적곡지상(坐於積穀之上) 행군신지례(行君臣之禮) 희미하게 날이 밝아 오는 새벽 곡식더미 위에 태조를 앉히고 군신(君臣)의 의례(儀禮)20)를 행하였다" 하였는데, 이는 혜철국사가 도참의 비결로 비보한 이 구렁의 비보작법(裨補作法)을 그대로 실천한 것이며, "고려 태

---

16) 비원(悲願): 〈명사〉 ① 비장한 결심으로 이루려는 소원. ② ≪불교≫ 불보살의 본원인 자비의 대원. 아미타불의 사십팔원과 약사여래의 십이원 따위.

17) 비보(裨補): 〈명사〉 도와서 모자라는 것을 채움.

18) 고려사절요(高麗史節要): 고려시대 역사를 편년체(編年體)로 정리한 사서. 1424년(세종 6)에 윤회(尹淮)에 의해 편찬되었던 편년체의 고려사(高麗史)인 ≪수교고려사≫를 개수(改修)한 것으로, 1452년(문종 1) 2월에 김종서(金宗瑞) 등에 의하여 편찬되었으며, ≪고려사≫와 더불어 고려시대를 연구하는 데 중요한 책이다. 내용으로는 918년(태조 1)부터 1392년(공양왕 4)까지 역대의 기사가 편년체로 서술되어 있다. 이 책이 갖고 있는 사서(史書)로서의 가치는 일찍부터 높이 평가받았으며, 따라서 ≪동국통감(東國通鑑)≫에 수록된 고려시대의 기사도 대개 이것을 이용했다. 그 밖에도 ≪고려사≫에는 밝혀져 있지 않은 사실(史實)들이 많이 실려 있고, 또 ≪고려사≫의 〈열전(列傳)〉이나 〈지(志)〉 등에 수록되어 있으나 그 연대가 확실치 않은 사실의 연월(年月)들이 이 책에 밝혀져 있는 것도 상당수가 된다. 따라서 이 책은 고려에 대한 기본 사료(史料)에 있어서 ≪고려사≫와 쌍벽을 이룬다. ≪35권 35책. 활자본≫

19) 신숭겸(申崇兼): 고려 초의 무신. 본관: 평산(平山) 별칭: 초명 능산(能山). 시호 장절(壯節). 평산 신씨(平山申氏)의 시조. 전남 곡성 목사동 구룡리 출생. 918년 태봉(泰封)의 기장(騎將)으로 배현경(裵玄慶)·홍유(洪儒)·복지겸(卜智謙) 등과 협력 궁예(弓裔)를 폐하고 왕건(王建)을 추대하여 고려 개국의 대업을 이루었다. 927년(태조 10) 공산(公山)에서 견훤(甄萱)의 군대에게 태조가 포위되자 김락(金樂) 등과 함께 역전하여 이를 구출하고 전사하였다. 1120년(예종 15) 예종은 그와 김락을 추도하여 ≪도이장가(悼二將歌)≫라는 향가를 지었다. 삼중대광(三重大匡)에 태사(太師)로 추증되었으며 태조의 묘정(廟廷)에 배향되고 곡성(谷城)의 덕양사德(陽祠), 대구광역시의 표충사(表忠祠), 춘천의 도포(道浦)서원, 평산(平山)의 태백산성사(太白山城祠)에 제향되었다

20) 의례(儀禮): 〈명사〉 의식(儀式) 행사를 치르는 일정한 법식. 또는 정하여진 방식에 따라 치르는 행사.

오산(구령) 암벽에 모신 약사여래

이 약사여래는 856년 혜철국사가 도탄에 빠진 나라와 백성들을 구하려는 목적으로 미점사와 함께 조성하여 모신 것이며, 곡식더미 위에 앉아 군신지례(君臣之禮)의 의식을 치르고 고려를 창업한 왕건은 노적가리 위에 서서 세상의 중생을 구하고 있는 이 오산 봉우리 암벽에 모신 약사여래의 상징이며 화신(化身)이었다.

조는 혜철국사가 도선국사에게 비밀하게 전한 도참에 이른 대로 삼한을 통일하고 왕위에 올랐다”는 동리산 태안사사적의 기록 그대로 왕건과 고려는 혜철국사의 도참비결로 만들었다는 역사의 증명이다.

【부연하면 당시 천하를 구하기 위해 군사를 일으킨 왕건과 장수들이 날이 밝아 오는 새벽에 마당의 곡식더미 위에 앉아 군신의 예를 갖추는 의식을 행한 상황을 보면, 약사여래는 동방정유리세계(東方淨瑠璃世界)를 관장하는 교주이고, 혜철국사가 안배한 비보작법을 따라 행동한 것이 왕건이니, 세상을 구원하는 약사여래를 상징하는 왕건은 해가 뜨는 동방을 등지고 앉았을 것이며 그렇게 하는 것이 맞다.】

일반적으로 혁명을 결정한 그 자리에서 임금과 신하의 예(禮)를 행하고 즉시 행동하는 것이 상례임에도 촌각을 다투는 다급한 그 상황에서 밖으로 나와 왕건을 곡식더미 위에 앉혀 놓고 나머지 장수들이 그 아래 무릎을 꿇고 임금으로 받들겠다는 군신의 예를 거행하였다는 것은, 반드시 해야 할 특별한 의식(儀式)을 거행하였음을 말하는 것인데, 이는 혜철국사가 도탄에 빠진 삼한의 백성들을 구하려는 비보의 목적으로 오산(鰲山), 즉 구령(甌嶺)이라는 하늘이 만들어 놓은 노적가리 위에 서서 대자대비의 사발을 들고 전란의 구령에 빠진 나라를 구하고 백성들을 안락하게 하여 줄 약사여래를 조성하여 모셔 놓은 비보작법을 똑같이 재현한 것으로, 고려를 창업한 왕건은 혜철국사가 여기 오산 봉우리 암벽에 모신 약사여래의 화신(化身)이며, 왕건이 곧 오산 암벽에 모신 약사여래라는 역사의 증명이다.

한마디로 천하를 구할 의기(義旗)[21]를 세우고 군사를 일으켜 집을 나서기 전 희미하게 날이 밝아 오는 새벽 곡식더미 위에 앉아 군신지례(君臣之禮)의 의식을 치르고 고려를 창업한 왕건은 하늘이 만들어 놓은 노적가리 위에 서서 세상의 중생을 구하고 있는 이 오산 봉우리 암벽에 모신 약사여래의 상징이며 화신(化身)이었다.

구령, 즉 오산이 소재한 구례군 문척면(文尺面)의 문척(文尺)이라는 뜻을 풀어 보면, 문유승척(文有繩尺) 글로서 천하의 법도(法度)[22]를 세웠다는 뜻인데, 이는 혜철국사가 구령에 있는 암자(현 산신각)에서 도선국사에게 나라를 구하고 백성들을 안락하게 하여 줄 묘책, 즉 도참의 비결을 전하여 천하의 법도를 세웠다는 뜻으로, 혜철국사와 도선국사라는 스승과 제자로 이어진 고려 창업의 역사가 지명(地名)으로 만들어진 것이니, 오산과 왕건의 관계는 의심의 여지가 없는 분명한 역사다.

---

21) 의기(義旗): 의병(義兵)의 군기(軍旗).
22) 법도(法度): (1) 법. 규칙. 법률과 제도. (2) 예법의 척도(尺度). 본받아야 할 예의.

혜철국사가 도선국사에게 도참을 전한 구령(甌嶺) 암자

이곳이 혜철국사가 도선국사에게 천하를 구할 도참을 전하여 왕건으로 하여금 고려를 창업게 한 역사의 현장이다. 도선국사 비문에 "어느 때는 구름 낀 산봉우리 위에 있는 바위굴 속에서 고요히 앉아 참선을 하고 여름에는 커다란 바위 앞에 초막을 지어 참선을 하기도 하였다" 하였는데, 바로 이 산신각과 좌측에 있는 바위굴을 지칭한 것이다. 산신각 우측 바위 사이로 사성암과 통하는 길이 있었다.

【부연하면 이성계가 꿈에 신인(神人)으로부터 금척(金尺)23)을 하사받고 무력(武力)으로 조선 건국을 천명한 것을 상기하여 보면, 과연 옛 선인들이 함부로 이름을 짓지 않았으며, 역사를 어떻게 전하였는지 엿볼 수 있다.】

당시 도탄에 빠진 세상을 구하고 백성들을 편안케 하기 위하여 동리산에 주장자(拄杖子)24)를 세우고 오산을 비보하며 도선사(사성암)를

---

23) 금척(金尺): 몽금척(夢金尺) 조선 태조가 임금 자리에 오르기 전, 꿈에 신인(神人)이 주었다는 것을 상징하여 만든 금빛 나는 자. 황금 칼로 된 자라고도 한다. 궁중 춤에서 의장 도구로 쓰인다.

24) 주장자(拄杖子): ≪佛≫〈불교〉 선사(禪師)들이 좌선할 때에나 설법할 때에 소지(所持)하는 지팡이.

관할하던 동리산(桐裏山)[25) 태안사(泰安寺)[26)의 기록을 보면, 자신의 역
사를 기록하는 동리산기실(桐裏山紀實)[27) 첫머리에 "동리산은 일찍이 옛
월나라의 동강(桐江)[28)과 같은 곳이며, 서로에게 전한 은약(隱約)[29)은 오
랜 세월 나라를 밝게 비추었고, 언제나 욕심 없는 사람만이 볼 수 있
는 신묘(神妙)한 법이다" 하였는데, 이는 왕건의 출생을 밝히고 혜철국
사가 은밀하게 전한 도참은 왕건이 삼한을 통일하여 고려를 창업하
고, 오랜 세월 세상을 태평성대로 이끈 요결(要訣)[30)이 되었으며, 언제
나 욕심 없는 사람만이 볼 수 있는 왕이 되는 비결이라는 말이다.

　알기 쉽게 설명하면, 태안사사적에서 동리산은 "일찍이 옛 월(越)
나라의 동강(桐江)과 같은 곳이다" 한 것은 옛 월나라였던 중국 절강

---

25) 동리산(桐裏山): 봉두산(鳳頭山. 752m) 전남 곡성군 죽곡면(竹谷面) 원달리 소재. 847년
　　혜철국사가 이 산에 주장자를 세우고 선법을 크게 떨침으로써 선종의 한 문파를 이루었는데
　　동리산문·동리산파라고도 한다.

26) 태안사(泰安寺): 대안사(大安寺) 전남 곡성군 죽곡면(竹谷面) 원달리(元達里) 동리산에 소
　　재한 구산선문(九山禪門)의 하나인 태안사(泰安寺)는 742년 2월 대덕(大德)이신 유가(瑜
　　伽)의 조사(祖師) 대현법사(大賢法師)가 이곳으로 왔다가 처음 창건하고 대안사(大安寺)라
　　하였다. 이후 847년 당나라의 유학을 마친 혜철국사가 화순 쌍봉사에서 이곳으로 옮겨 와
　　크게 중창하고 산문을 열어 구산선문(禪門九山)의 하나인 동리산파(桐裏山派)의 주장자를
　　세우고 도선국사에게 은밀하게 도참을 전하여 왕건으로 하여금 고려를 창업게 한 유서 깊은
　　사찰이며 동리산기실(桐裏山紀實)은 이 태안사의 역사를 기록한 사적이다. 배불정책으로 쇠
　　퇴한 조선시대 1683년(숙종 9) 정심(定心)이 중창했으나 6·25전쟁 때 대웅전 등 15채의
　　건물이 불타 버렸다. 현재 대웅전·보제루(普濟樓)·해회당(海會堂)·선원(禪院)·능파각
　　(凌波閣)·일주문(一柱門) 등의 당우가 있다. 이 가운데 능파각은 지방유형문화재 제82호
　　일주문은 제83호 또 천순명동종(天順銘銅鐘)은 지방유형문화재 제24호로 지정되어 있다.
　　또 경내의 적인선사조륜청정탑(寂忍禪師照輪淸淨塔)은 혜철의 부도로서 보물 제273호 윤
　　다의 부도인 광자대사탑은 보물 제274호 광자대사탑비는 보물 제275호로 지정되어 있으며
　　바라(보물 제956호) 등이 있다.

27) 동리산기실(桐裏山紀實): 태안사사적. 태안사의 역사를 보고 들은 그대로 적은 기실문(記實
　　文)으로 불기 2954(1927)년 정묘(丁卯) 10월에 구산(龜山) 정호(鼎鎬) 스님이 필사하였다.

28) 동강(桐江): 지금 절강성(浙江省) 동려현(桐廬縣)에 있다는 강 이름.

29) 은약(隱約): 말은 간단하나 뜻이 깊음.

30) 요결(要訣): ① 일의 가장 중요(重要)한 방법(方法). ② 긴요(緊要)한 뜻 요결(了結), 요감
　　(了勘).

성(浙江省) 동려현(桐廬縣)에 있는 강 이름으로 후한(後漢)31)의 광무제(光武帝)32)와 엄광(嚴光)33)의 사이에 얽힌 고사를 인용하여, 왕건과 태안사의 관계를 밝히는 것으로, 여기서 말하는 관계는 광무제와 엄자릉은 본래 성이 장(莊)씨이며 어릴 적 함께 뛰놀며 수학한 사이인데, 유수(劉秀)가 후한의 황제가 되자 이름을 피하여 엄(嚴)으로 바꾼 역사를 말하는 것으로, 왕건과 신숭겸이 이복형제(異腹兄弟)였으며, 왕건이 왕위에 오르자 형인 신숭겸이 성(姓)을 바꾸었다는 신씨 가문의 이야기와 왕건이 동리산 태안사 성기암(聖祈庵)에서 태어났다는 무용대사(無用大師)34)의 기록이 사실임을 증명하는 것이다.

---

31) 후한(後漢, 25~220): ≪역사≫ 중국 왕조의 하나. 25년에 왕망(王莽)에게 빼앗긴 한(漢) 왕조를 유수(劉秀)가 다시 찾아 부흥시킨 나라. 220년에 위(魏)나라의 조비에게 멸망하였다.

32) 광무제(光武帝, B.C. 6~A.D. 57): 중국 후한(後漢)의 초대 황제(25~57). 성은 유씨(劉氏). 이름은 수(秀), 자는 문숙(文叔). 고조(高祖) 유방(劉邦)의 9세손이다. 젊었을 때 장안(長安)에서 공부하였으나, 왕망(王莽) 말년 군웅(群雄) 봉기 때인 22년 친형인 연(演)과 함께 거병(擧兵)하였다. 23년 동족(同族)인 유현(劉玄)을 추대하여 한제(漢帝)로 삼고, 장안에 도읍을 정하였다. 그 뒤 하북(河北)에 진출하여 제군(諸郡)을 평정하고, 25년 하북 백향현(柏鄕縣)에서 제위(帝位)에 올라 연호를 건무(建武)라 하고 낙양(洛陽)에 도읍을 정했다. 당시, 촉(蜀)의 공손술(公孫術), 농서의 외효, 하서(河西)의 두융(竇融), 산서(山西)의 여방(盧芳) 등의 군웅이 할거하였으며 적미(赤眉)·동마(銅馬) 등의 도적떼가 날뛰고 있었던 것을, 이후 10년에 걸쳐 차례로 평정하고, 36년에 천하를 완전히 통일하였다. 그 공신(功臣)에는 등우(鄧禹)·풍이(馮異) 등 28명의 장군이 있었다. 이후 왕망(王莽)의 학정(虐政)을 일소하고, 또한 모든 정사(政事)를 친히 재결(裁決)하였다. 유학을 장려하고, 명분과 절의(節義)를 존중하였으며, 선비를 우대하는 등 후한의 예교주의적(禮敎主義的)인 정치 방침을 확립하였다.

33) 엄광(嚴光, 기원전 37년~서기 43년): 다른 이름이 준(遵). 자(字)가 자릉(子陵). 엄자릉(嚴子陵) 또는 줄여서 엄릉(嚴陵)이라고 부른다. 서한말(西漢末) 여요(餘姚)인. 본래 성이 장(莊)씨인데, 한(漢)명제(明帝)의 이름을 피하여 엄(嚴)으로 바꿈. 어릴 적 후한의 광무제(光武帝) 유수(劉秀)와 함께 뛰놀며 공부한 사이였다 광무제가 왕망(王莽)의 신(新)나라를 제압하고 제위에 오르자 모습을 감췄다. 광무제가 사람을 시켜 찾아보게 하였더니 "양가죽 옷을 입고 못에서 낚시하고 있다(披羊裘, 釣澤中)"고 하였다≪後漢書 卷113≫.

34) 무용대사(無用大師): 수연(秀演, 1651~1719, 효종 2~숙종 45) 조선 중기 승려. 성은 오씨(吳氏) 호는 무용(無用). 본관은 용안(龍安). 19세에 송광사(松廣寺) 혜관(惠寬)의 제자가 되었고 혜공(慧空)으로부터 구족계(具足戒)를 받았다. 1673년 선암사(仙巖寺) 침굉(枕肱)을 찾아가 선(禪)의 진수를 물어 대오(大悟)하였으며 76년 조계산 은적암(隱寂庵)의 백암(柏庵) 성총(性聰)을 찾아 입실(入室)하여 다시 깨달음을 인정받았다. 그 뒤 선암사·신불암(新佛庵) 등지에서 수행하였고 89년 성총을 도와 ≪화엄경연의(華嚴經演義)≫, ≪간정기(刊定記)≫, ≪정토서(淨土書)≫ 등을 간행하였다. 1700년 스승 성총이 죽자 뒤를 이어 송광사 조실(祖

【부연하면, 위 태안사사적의 기록은 가계(家系)를 전혀 알 수 없는 왕건의 본래 성씨가 장씨, 즉 장보고의 후손이었으며 성씨를 신씨와 왕씨로 바꾸었다는 추측도 가능하다.】

그리고 "서로에게 전한 은약(隱約)은 오랜 세월 나라를 밝게 비추었고, 언제나 욕심 없는 사람만이 볼 수 있는 신묘(神妙)한 법"이라고 한 것은, 혜철국사가 은밀하게 전한 도참은 왕건이 삼한을 통일하여 고려를 창업하고 오랜 세월 세상을 태평성대로 이끈 요결(要訣)이 되었으며, 언제나 욕심 없는 사람만이 볼 수 있는 왕이 되는 비결이라는 것으로, 고려 창업의 역사가 태안사에서 일으킨 대업(大業)이었음을 말하는 것이며, 이어지는 기록에서 "고려 태조는 혜철국사가 도선국사에게 비밀하게 전한 도참에 이른 대로 삼한을 통일하고 왕위에 올랐다" 하였는데, 이는 혜철국사와 도선국사 그리고 왕건으로 이어지는 오산의 역사, 즉 고려 창업의 역사가 분명한 사실이었음을 입증해 주는 기록이 있다.

다음은 태안사사적인 "동리산기실(桐裏山紀實)"에서 발췌한 이에 관한 기록이다.

玉龍道詵이 爲上首하야 因傳鉢[35]焉하니라
옥 룡 도 선　　위 상 수　　　인 전 발　　언
그중에 옥룡사(玉龍寺) 도선(道詵)이 상수(上首)[36]가 되어 혜철국사의 법을 전해 받았다.

室)이 되어 후학을 지도하였다. 저서로 시문집인 ≪무용집(無用集 3권)≫이 있다.

35) 전발(傳鉢): ≪불교≫ 후계자에게 의발을 전함. 전발 — 하다.

36) 상수(上首): 대중 가운데 우두머리. 국사(國師)의 높임말 수좌(首座), 여기서는 혜철국사의 제자들 가운데 우두머리라는 뜻이다.

高麗藝祖[37)]가 謂以寂忍[38)] 道詵之秘讖[39)]하야 迺合三韓하고
고 려 예 조　　　위 이 적 인　　　도 선 지 비 참　　　　　내 합 삼 한

登大寶[40)]하야 勅建[41)]五百禪刹하고 嗣王承烈로 崇封禪宗하니
등 대 보　　　　칙 건　오 백 선 찰　　　사 왕 승 열　숭 봉 선 종

九山에 桐山이 據其一焉이라
구 산　　동 산　거 기 일 언

고려 태조는 혜철국사가 도선국사에게 비밀하게 전한 도참(圖讖)에 이른 대
로 삼한을 통일하고 왕위에 올라 칙명을 내려 5백 개의 선찰(禪刹)을 법으
로 정하고 왕위를 계승하는 후손들도 이 뜻을 이어받아 선종을 높이 받들게
하였는데 구산선문(九山禪門)[42)] 중에 동리산이 그 첫 번째를 차지하였다.

〈동리산기실(桐裏山紀實)에서 발췌〉

이 태안사사적을 보면 혜철국사와 도선국사의 관계 그리고 왕건
과 고려 창업에 관하여 기술하였는데, 태안사사적 서두의 동강(桐江)
에 관한 고사(故事)가 태안사와 왕건의 사적인 밀약을 은유한 기록이
라면, 이 대목은 태안사와 왕건 사이에 있었던 공적인 관계를 밝히
는 기록이며, 동시에 도선국사와 왕건은 혜철국사가 만들어 낸 작품
임을 분명하게 선언하는 기록이다.

918년으로 시작되는 고려사절요 첫머리에 왕건은 도선국사의 신
묘한 술법에 의하여 제왕으로 태어나고, "태조의 나이 17세 때에 도
선이 다시 와서 보기를 청하고서 '족하는 백육회의 운수를 만났으니
말세의 창생(蒼生)[43)]은 공이 널리 구제해 주기를 기다리오' 하고 곧이

---

37) 예조(藝祖): 문덕(文德)이 있는 조상을 높여 일컫는 말. 역대의 태조(太祖) 또는 고조(高祖)
　　를 통칭하는 말. 여기서는 고려 태조 왕건을 이르는 말이다.

38) 적인(寂忍): 혜철국사의 시호.

39) 비참(秘讖): 비밀리에 전한 도참(圖讖) 참서(讖書)라는 뜻으로 은밀하게 전했다는 뜻이다.

40) 대보(大寶): 〈명사〉 ① 귀중한 보물. 〈동의어〉 지보(至寶). ② 임금의 자리 ③ 국새.

41) 건(建): 일반적으로 세운다는 뜻으로 사용하지만 여기서는 사찰을 새로 세웠다는 뜻이 아니
　　다. 왕건이 칙명을 내려 법으로 정하였다는 뜻이다. 규율 질서 등을 세우다. 법으로 정하다.

42) 구산선문(九山禪門): 신라 말엽부터 고려 초까지 중국 달마(達磨)의 선법(禪法)을 이어받아
　　종풍(宗風)을 일으킨 9산문(山門). 일명 구산(九山)이라고도 한다.

어 군사를 내고 진을 설치하는 데 필요한 지리(地理)·천시(天時)의 법과 산천에 제사 지내는 데 관한 감통(感通)[44]과 보우(保佑)[45]의 이치(理致)[46]를 말하여 주었다”는 기록에서 보듯이, 제왕의 교육까지 도선국사에 의해 이루어졌다는 기록은 고려 태조는 혜철국사가 도선국사에게 비밀하게 전한 도참에 이른 대로 삼한을 통일하고 왕위에 올랐다는 태안사사적의 진실을 증명하는 것이다.

또한 1048년(문종 2) 개성 곡령(鵠嶺) 북쪽에 세운 대안사(大安寺)[47]를 1228년(고종 15)경 최우(崔瑀)[48]가 중건하고 개최한 법연(法筵)[49]에서 “우리 태조대왕이 ‘인철사비요(因哲師祕要)’ 혜철국사의 비밀한 요결(要訣)에 따라 종문(宗門)을 높이 믿어서 이에 오백선찰(五百禪刹)을 크게 열고 심법(心法)을 널리 선양하였다”는 이규보(李奎報)[50]가 지은 대안사 담선방(談禪榜) 서두

---

43) 창생(蒼生): 〈명사〉 세상의 뭇사람. 〈동의어〉 창맹. 창민(蒼民).

44) 감통(感通): 〈명사〉 정성스러운 마음이 신불(神佛)이나 남에게 감응(感應)되어 알려짐.

45) 보우(保佑): 〈명사〉 보살피어 도와줌. 保右(보우).

46) 이치(理致): 〈명사〉 사물의 정당한 조리(條理). 또는 도리에 맞는 취지.

47) 대안사(大安寺): 개성시의 천마산(天摩山)에 있었던 사찰. 1048년(문종 2)에 창건하였으며 태조와 정종의 화상이 있었던 고려 왕실의 원찰(願刹)이다. 1100년(숙종 5) 5월에 송(宋)나라로부터 철종이 죽었다는 소식이 전해지자 숙종은 철종을 위하여 대안사에서 천도 및 명복을 빌고자 하였으나, 신하들의 반대로 뜻을 이루지 못하였다. 1159년(의종 13) 3월에는 왕이 행차하여 양평도에서 올린 상서를 논하였으며, 1180년(명종 10) 8월에는 태조와 정종의 화상을 절로 이안(移安)하였다. 자세한 폐사연도는 알 수 없으나 ≪신증동국여지승람≫에 기록된 것으로 보아 조선 중기 이후 폐사되었음을 알 수 있다. 이 절에 관한 이규보(李奎報)의 시 1편이 전한다.

48) 최우(崔瑀): 고려 시대 무신 정권기의 집권자(?~1249). 시호는 광렬(匡烈). 최우[崔瑀, ?~1249(고종 36)]: 최충헌의 아들로 전대(前代)의 부패를 없애기 위하여 노력하였으며 이름난 유학자를 등용하는 한편, 몽고의 침입에 대비하여 강화로 천도(遷都)하고 대장경판(大藏經板) 재조(再雕)를 완성하였다.

49) 법연(法筵): ① 예식을 갖추고 임금이 신하를 만나 보는 자리. ② ≪불교≫ 부처 앞에 절하는 자리. ③ ≪불교≫ 불도를 설하는 자리 법좌. ④ ≪불교≫ 법석(法席).

50) 이규보[李奎報, 1168~1241(의종 22~고종 28)]: 고려 중기의 문신·문인(1168~1241). 자는 춘경(春卿). 호는 백운거사(白雲居士)·지헌(止軒)·삼혹호선생(三酷好先生). 벼슬은 정당문학을 거쳐 문하시랑평장사 등을 지냈다. 경전(經典)과 사기(史記)와 선교(禪敎)를 두루 섭렵하였고, 호탕 활달한 시풍은 당대를 풍미하였으며 명문장가였다. 저서에 ≪동국이상국집≫,

의 내용은 혜철국사가 도선국사에게 비밀하게 전하였다는 도참, 즉 세상을 개혁할 프로젝트를 말하는 것이니, 태안사사적과 고려사 그리고 도선국사 비문과 광자대사 비문의 한결같은 기록들은 혜철국사가 삼수(三水), 즉 삼태극(三太極)이 운기(雲氣)하는 섬진강 압록(鴨綠) 동리산 태안사에서 회삼귀일(會三歸一)[51]이라는 한 송이 연꽃을 들어 부패한 신라를 개혁하고 고려를 창업한 역사가 사실이었음을 확인하여 주는 것이다.

어디 이뿐인가? 옥룡사 도선국사 비(碑) 본문에도 "신라의 정치와 교화가 점점 흐려져서 위태하고 멸망할 조짐이 있음을 스님이 알고 장차 성인(聖人)의 명을 받아 특별히 일어설 자를 찾아 송악(松岳)[52]으로 여행을 하였다" 하였으니, 이는 도선국사가 오산, 즉 구령 암자에서 만난 신인(神人), 즉 도탄에 빠진 세상을 구할 혜철국사의 프로젝트를 실행했다는 기록이며, 동시에 혜철국사 → 도선국사 → 왕건으로 이어진 고려창업의 역사가 사실이었음을 증명하는 기록이다.

참고로 이 태안사사적에서 눈여겨볼 것은 "칙명을 내려 5백 개의 선찰(禪刹)을 법으로 정하였다"는 기록이다.

≪백운소설≫ 따위가 있다.

51) 회삼귀일(會三歸一): 불교에서 부처가 방편(方便)으로 설한 성문(聲聞)·연각(緣覺)·보살(菩薩)인 삼승(三乘)이 궁극적으로 일승(一乘)에 귀착된다는 가르침. 승(乘)이란 '타고 가는 것', 즉 깨달음에 이르는 수단을 의미한다. 삼승이란 부처의 깨달음에 이르는 하나의 길을 중생의 성품과 능력에 따라 3가지로 나눈 것이다. 〈법화경 法華經〉에는 삼승에 대해서는 성문승은 사성제(四聖諦) 팔정도(八正道) 등을 닦아 열반을 증득(證得)하는 길이며, 연각승은 십이연기(十二緣起)를 관하여 일체법(一切法)의 인연을 잘 아는 길이며, 보살승은 육바라밀(六波羅密)을 닦아 깨달음을 구하는 길이라고 설명되어 있다. 삼승 가운데 성문승과 연각승은 소승(小乘)에 해당되고 보살승은 대승(大乘)에 해당되지만, 모든 부처의 가르침은 오직 하나의 일불승(一佛乘)이며 이 하나의 불승에서 방편으로 삼승을 시설한 것이다.

52) 송악군(松岳郡): 고려의 수도로서 송악군(松岳郡)·송도(松都)·개경(開京)·부소갑(扶蘇岬)·동비홀(冬比忽)·촉막군(蜀莫郡)이라고 하였다. 고려 태조(太祖: 王建)는 즉위 2년 후인 919년 수도를 철원(鐵原)에서 이곳 송악산(松岳山) 남쪽으로 옮긴 후 개성군과 송악군의 2군을 합쳐 개주(開州)라 하고 비로소 시전(市廛)을 설치하여 시가를 5부로 나누었다. 960년(광종 11) 개주를 황도(皇都)로 고치고 995년(성종 14) 개성부(開城府)로 고쳤다.

세상 사람들은 도선국사 또는 왕건이 오백 개의 선찰을 지었다고 주장하지만, 유일하게 태안사사적에만 있는 이 기록은 왕건이 남긴 훈요와 일치하는 것으로 당시 태안사의 역할이 무엇이었는지 입증해 주는 또 하나의 파일이다.

다음은 왕건이 박술희[53]에게 남겼다는 훈요십조 가운데 제2조다.

"모든 사원은 모두 도선이 산수(山水) 순역(順逆)의 형세를 추점(推占)[54]하여 개창한 것이다. 도선이 말하기를 '내가 추점하여 정한 외에 함부로 더 창건하면 지덕(地德)[55]을 손상시켜 왕업이 장구하지 못할 것이다'하였으니, 짐이 생각건대 후세의 국왕(國王)·공후(公侯)[56]·후비(后妃)[57]·조신(朝臣)[58]들이 각기 원당(願堂)[59]이라 일컬으면서 행여 더 창건할까 크게 근심스럽다. 신라의 말기에 사탑(寺塔)을 앞다투어 짓다가 지덕을 손상시켜 망하기까지 하였으니 경계하지 않아서야 되겠는가?"

〈고려사절요에서 발췌〉

---

53) 박술희[朴述熙, ?~945(?~혜종 2)]: 고려 초의 무신. 면천 박씨(沔川朴氏)의 시조. 일명 술희(述希). 아버지는 대승(大丞) 득의(得宜)이다. 18세에 궁예의 호위병이 되었으나, 태조를 섬기면서 여러 차례 전공을 세워 대광(大匡)이 되었다. 921년(태조 4) 태조가 장화왕후(蔣和王后)의 소생인 무(武 : 뒤의 혜종)를 정윤(正胤 : 태자)으로 삼고자 할 때 그에게 도움을 청했다. 이는 호족 출신으로 막강한 세력을 가지고 있던 그를 혜종의 후견인으로 삼아 왕권의 세력기반을 확고히 하고자 했기 때문이었다. 943년(태조 26)에는 태조로부터 군국대사(軍國大事)를 부탁받고, 태조의 정치이념인 훈요10조(訓要十條)를 전수받았다. 그러나 광주(廣州) 지방의 호족 출신인 왕규(王規)와 적대관계에 있어 자신의 신변보호를 위해 100여 명의 호위병을 거느리고 있다가, 945년 정종이 이를 의심하여 갑곶(甲串)으로 귀양 보냈다. 귀양지에서 왕명을 사칭한 왕규에 의해 살해당했다. 태사삼중대광(太師三重大匡)에 추증되었으며, 혜종의 묘정에 배향되었다. 시호는 엄의(嚴毅)이다.

54) 추점(推占): 추천하고 점지하다.

55) 지덕(地德):〈명사〉① 집터의 왕성한 기운. ② 땅이 만물에게 주는 편의. 지덕이 사납다. 땅이 걸어 다니기에 험하다.

56) 공후(公侯): 제후(諸侯) '공작과 후작'을 아울러 이르는 말.

57) 후비(后妃):〈명사〉임금의 아내 정실(正室). 皇后(황후).〈준말〉후(后).

58) 조신(朝臣): 조정에서 벼슬살이를 하는 모든 신하. 조관(朝官). 조사(朝士).

59) 원당(願堂): ① 소원을 빌려고 세운 집. ②《민속》죽은 사람의 화상이나 패를 모시고 그 명복을 빌던 법당. 궁중의 것을 내원당이라 일컬었다.

위 훈요 제2조 첫머리에서 보듯이, 5백 선찰이라는 것은 집권에 성공한 왕건이 도선국사의 유훈을 받들어 실시하는 강력한 불교개혁에서 재정비된 사찰들을 말하는 것이며, 또한 사적에서 훈요에도 없는 5백 선찰이라는 구체적인 숫자를 밝히는 것은, 당시 태안사가 불교개혁, 즉 종교개혁을 주도했음을 말하는 것이며, 이는 고려 창업이 태안사가 이뤄 낸 개혁의 결과임을 증명하는 역사의 기록이다.

한마디로 고려는 섬진강(순자강(鶉子江))과 보성강(대황강(大荒江))이 하나로 합하여 운기(運氣)하는 압록(鴨綠) 삼태극(三太極)의 중심 혈(穴)인 동리산 태안사에 주장자를 세우고 처음 뜻을 세운 혜철국사의 관점에서 보면, 비로소 태극(太極)이라는 음양(陰陽)의 조화(造化)가 피워 낸 한 송이 꽃이며, 그토록 간절히 소원하며 꿈꾸었던 차별이 없는 세상 누구나 진리의 세계로 돌아와 하나가 되는 회삼귀일의 법화(法華)로 피우려 했었던 한 송이 연꽃이었다.

한국 선종의 수도도량이며 승보사찰(僧寶寺刹)로 유서 깊은 조계산(曹溪山)[60] 송광사지(松廣寺誌)에도 "고려 태조는 도선국사의 비참(秘讖 비밀하게 전한 도참)에 의하여 3국(三國)을 토평(討平)[61]하고 고려를 세웠

---

60) 조계산(曹溪山): 전라남도 순천시(順天市) 송광면(松光面)·쌍암면(雙巖面)·주암면(住巖面) 일대의 산. 높이 884m. 소백산맥 말단부에 있으며 광주의 무등산(無等山), 영암의 월출산(月出山)과 삼각형을 이룬다. 동쪽 사면에는 선암사(仙巖寺), 서쪽 사면에는 송광사(松廣寺)가 있으며, 자연경관이 빼어나 1979년 12월 도립공원으로 지정되었다. 조계산은 송광사가 개산(開山)될 때까지 송광산이었으나 그 뒤 조계종의 중흥 도량[道場山(도장산)]으로 되면서 조계산으로 바뀌었다. 관광중심지인 송광사는 승보사찰(僧寶寺刹)로도 유명하며, 소장한 문화재는 수적으로나 질적으로 매우 뛰어나 문화재의 보고(寶庫)를 이루고 있고, 천연기념물 제88호인 곱향나무 쌍향수가 천자암 뒤에 있다. 산 동쪽 사면 이사천(伊沙川) 상류 계곡에 자리 잡은 선암사는 호남 3암사(三巖寺)의 하나로, 백제 성왕 때 아도화상(阿道和尙)이 창건하였다고 하며, 현재는 선교양종(禪敎兩宗)의 대표적 가람이다. 경내에는 선암사 삼층석탑(보물 395)과 승선교(昇仙橋, 보물 400)가 있다. 선암사에서 송광사에 이르는 길은 등산로로 유명하며 월출산·무등산과 함께 전라남도의 명산으로 꼽힌다.

61) 토평(討平): 〈명사〉 쳐서 평정함. 토평－하다.

다. 태조는 그 큰 은혜에 보답하고 나라를 튼튼히 하기 위하여 특별
히 훈요(訓要)를 내려 삼보(三寶)와 사사(寺社)[62]를 영원히 보호하게 하
고, 선교(禪敎)로써 국가의 간성(干城)을 삼는 중, 특히 선종을 주숭(主崇)
하여, 신라 말 당나라에 들어가 법을 받은 아홉 조사를 추존하여 구
산선문을 여니, 이는 회삼귀일의 대업을 성취한 도국(都局)[63]이다"라
고 기록하였는데, 이는 송광사(松廣寺)[64]도 "고려 태조는 혜철국사가
도선국사에게 비밀하게 전한 도참에 이른 대로 삼한을 통일하고 왕
위에 올랐다"는 태안사의 고려 창업을 인정하고 있다는 증거이며,
동시에 송광사의 뿌리가 태안사였고 언제나 보호해야 할 성역이었으
며, 한말(韓末)까지 송광사에서 오산, 즉 사성암을 관할했던 이유다.

　따라서 처음 도선국사 비문에 나오는 구령은 노적가리 위에 서서 사발
을 들고 세상의 중생을 구하고 있는 여기 오산의 약사여래를 지칭한 것
으로 나라가 셋으로 나뉘어 전란의 구렁에 빠진 삼한을 통합 고려를 창
업하여 전란에 빠진 나라를 구하고, 도탄에 빠진 백성들을 편안케 한 오
산의 역사를 도참으로 숨겨 전하는 이름이며, 예로부터 굶주린 백성들이
구례로 찾아들고, 사람들이 병이 들면 지리산 약 캐러 간다는 말이 그냥
생긴 것이 아니며, 이것이 대대로 구례읍이 풍요를 누리는 원인이다.

　조선시대 간행된 구례 봉성지(鳳城誌)에서 오산을 설명한 것을 보면, "계
족산 임강두기(鷄足山 臨江斗起) 계족산이 강에 임하여 우뚝 솟았다" 하였는
데, 여기서 오산을 언급한 여타 기록들과 비교하여 보면, 다른 일반적인

---

62) 사사(寺社): 절. 사원(寺院).

63) 도국(都局): 음양가(陰陽家)가 쓰는 말로서, 산으로 둘러싸여 있는 땅의 형국.

64) 송광사(松廣寺): 전라남도 순천시 송광면 신평리 조계산에 있는 절. 25 교구 본사의 하나로,
　　신라 말기에 혜린 선사가 창건하여 길선사(吉禪寺)라 하였다. 조계종의 발상지이며, 여기서
　　16국사가 나왔다 해서 승보 사찰이라고 한다.

쉬운 문구가 많이 있음에도, 봉성지에서 굳이 두기(斗起)⁶⁵⁾라고 한 것은, 조선 말기 봉성지를 작성한 사람이 노적가리의 형상을 한 오산의 모습을 두(斗), 즉 말66)에 쌀을 수북하게 담아 놓은 것으로 보고 표현한 것이다.

구례 봉성지 산천편(山川篇)을 보면, 숱한 명산명혈(名山名穴)이 많이 있음에도 불구하고, 여기 오산(구령)이 지리산과 함께 실려 있는 것은, 그만큼 중요하다는 의미다.

이 오산은 바라보는 방향에 따라서, 그 형태가 여러 가지이며, 해석하는 사람의 관점에 따라 다르지만, 일반적으로 화엄사 방향에서 바라보면 거북의 모양이고, 구례역 방향에서 보면 호랑이와 같고, 잔수강(潺水江: 구례지역을 통과하는 섬진강의 옛 이름)을 건너 구례읍 봉서리 산정마을에서 바라보면, 곡식더미를 쌓아 놓은 노적가리와 똑같다.

혹자들은 오산과 봉우리를 여자의 유방(乳房)과 유두(乳頭: 젖꼭지)라고 말하지만, 예로부터 산천의 이름을 짓는데, 고을의 안산(案山)⁶⁷⁾이나, 자신들이 살고 있는 안산을 가지고 음탕한 이름을 짓지 않았으며, 구령(甌嶺)이라는 이름 그대로 풍요와 안식의 상징인 노적가리나, 곡식을 담는 그릇으로 보는 것이 옳은 것이다.

실제 용천(龍泉)의 자기(瓷器)로 유명한 중국 절강성(浙江省) 온주(溫州)⁶⁸⁾의 옛 지명이 구(甌)라는 것과 처음 856년 혜철국사가 도선국사에게 산

---

65) 두기(斗起): 우뚝 솟음. 두기-하다.

66) 말: 곡식·액체·가루 종류의 물질 분량을 측정하는 그릇 또는 양제단위(量制單位)의 일종. 그 부피는 한 되 양의 정확히 10배가 되게 정해진 십진법 단위량이다.

67) 안산(案山): 풍수설에서 집터나 묏자리의 맞은편에 있는 산.

68) 온주(溫州): 중국 저장성(浙江省) 남부에 있는 도시. 10세기에 축조된 성벽으로 둘러싸여 있으며 경치가 아름답고 유서 깊은 옛 건축물과 사원이 많다. 특히 자오다오(椒島)의 장신산(江心山)에 있는 룽샹사(龍翔寺)는 남송선림십찰(南宋禪林十刹)의 하나로 유명하며 룽취안(龍泉)의 자기(瓷器)로 알려져 있다.

천비보를 교육 전수하면서 구령 암벽에 왼손에 사발을 들고 중생을 구제하는 약사여래를 음각(陰刻)으로 조성하여 모시고, 오산 동쪽(월평리 한림봉 남쪽) 계곡 돌담불 위에 끊임없이 쌀이 솟아 나온다는 의미의 미점사(米岾寺)를 세웠는데, 산의 모양과 약사여래와 미점사를 배치한 구조를 보면, 구령(甌嶺)이 산봉우리에서 약사여래가 들고 있는 사발을 뜻하는 것임을 좀 더 명확히 알 수 있는 일이다.

다음은 도선국사 비문에서 858년(헌안왕 2) 도선국사가 혜철국사를 따라 세웠다는 도선사(道詵寺), 즉 지금의 사성암에 관한 설명이다.

비문에서 말하는 도선사는 처음 혜철국사가 지금의 사성암 산신

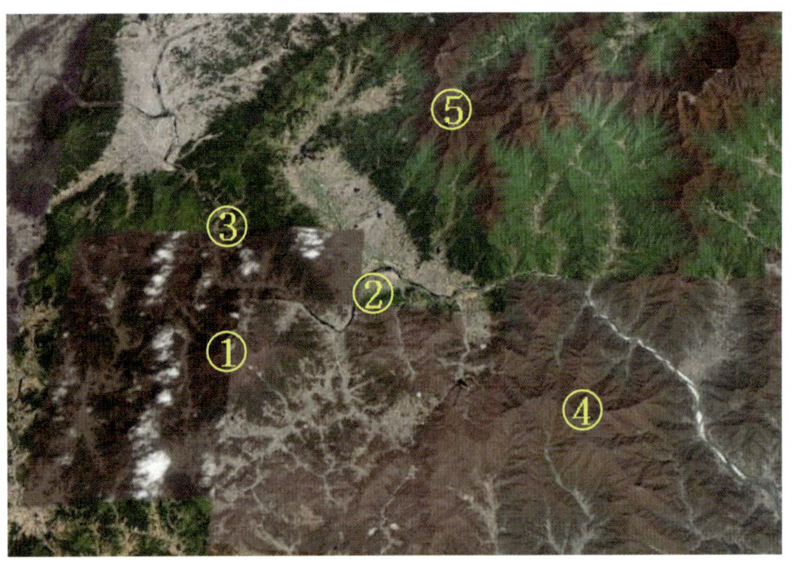

혜철국사의 관점에서 위성으로 본 오산과 주변의 풍수

① 동리산(桐裏山, 태안사), ② 오산(鰲山, 도선사 현 사성암), ③ 천마산 황룡사, ④ 백운산[백계산(白鷄山)], ⑤ 지리산 그 옛날 850년대 혜철국사가 본 풍수를 현대과학의 산물인 위성사진으로 확인해 보면 최소한 비행기를 타고서나 볼 수 있는 산의 형국을 그 옛날 혜철국사는 어떻게 알았을까? 마치 손바닥을 보듯 정확한 형세와 지명 그리고 위치 설정에 탄성이 절로 날 뿐이다.

각(山神閣)[69) 자리에 초막을 짓고 머무르며, 도선국사를 만나 천하를 구할 도참을 전하고 산천비보를 교육 전수하면서 856년 동쪽 암벽에 약사여래를 조성하여 모셨으며, 이어 동쪽 계곡 돌담불 위에 미점사를 세우고 2년 뒤 858년 지금의 사성암 본당에 절을 세우고 도선사라 하였다는 기록이며, 처음 혜철국사가 이곳에 절을 짓고 이름을 도선사(道詵寺)라 한 것은, 천지만물(天地萬物)의 기(氣=도(道))가 모여드는(선(詵)) 절(사(寺)), 즉 하늘과 땅의 기운을 하나로 융합하여, 전쟁도 없고, 굶주림도 없고, 부정부패도 없고, 어떠한 차별도 없는 참 맑은 세상, 정토(淨土)[70)를 구현하려는 목적이었다.

위 위성사진에서 보듯이 처음 산을 비보하여 활용한 혜철국사의 관점에서 오산 도선사의 풍수를 보면, 동리산(桐裏山)·백운산(白雲山)[71)·지리산(智異山)[72) 삼대 명산의 중심에서 우뚝 솟아 섬진강을 두르고 있는 오산 정상에 위치하여, 주변의 모든 산들이 오산을 중

---

69) 산신각(山神閣): 〈명사〉 ≪불교≫ 절에 산신을 모신 집. 〈동의어〉 산왕단.

70) 정토(淨土): ≪불교≫ 불보살이 사는, 번뇌의 굴레를 벗어난 아주 깨끗한 세상. 〈동의어〉 각원(覺苑). ① 불토. 정계(淨界). ② 〈반의어〉 예토.

71) 백운산(白雲山 1218m): 전라남도 광양시에 있는 산이다. 백두대간에서 갈라져 나와 호남 정맥을 완성하고 섬진강 550리 물길을 마무리한다. 900여 종이 넘는 식물이 분포하고 있는데, 이는 한라산 다음으로 많은 수이다. 섬진강을 사이에 두고 지리산과 남북으로 마주하고 있다.

72) 지리산(智異山): 전라남도 구례군(求禮郡), 전라북도 남원시(南原市), 경상남도 함양군(咸陽郡)·산청군(山淸郡)·하동군(河東郡)에 걸쳐 있는 산. 높이 1915m. 두류산(頭流山)·방장산(方丈山)·지리산(地理山)이라고도 한다. 소백산맥 남단에 속하는 고산으로 산역의 둘레가 320여km에 달하며, 서남서~동북동 방향으로 주능선이 이어져 있다. 최고봉인 천왕봉(天王峰)을 중심으로 서쪽으로 칠선봉(七仙峰)·덕평봉(德坪峰)·명선봉(明善峰)·토끼봉·반야봉(般若峰)·노고단(老姑壇) 등과 동쪽으로 중봉·하봉·써리봉 등의 능선이 이어지고 여기에 많은 고봉·준령들이 다기다양(多岐多樣)하게 어우러져 웅대한 산악군을 형성하고 있다. 지형은 융기작용 및 침식·삭박에 의해 산간분지와 고원·평탄면이 형성되어 있고 계곡은 깊은 협곡으로 되어 있다. 최고봉은 섬록암(閃綠岩)으로 되어 있고 주변은 화강암·화강편마암의 지질이 넓게 분포되어 있다. 신산(神山)의 하나로 수려하고 중후한 산악미를 지녔다. 화엄사(華嚴寺)·쌍계사(雙磎寺) 등의 유서 깊은 사찰과 천연의 동·식물 및 국보·보물 등의 문화재가 많으며 1967년 국립공원 제1호로 지정되었다.

심으로 운기(運氣), 운행(運行)하는 형국으로 도선사는 정확한 산의 형세, 즉 풍수를 보고 지은 이름이다.

누구든 음양오행과 풍수를 모르는 사람들일지라도, 오산에 올라 보면 남한 최고라는 지리산은 물론이거니와, 주변의 크고 작은 산들이 오산을 향하여 엎드려 있고, 섬진강 푸른 물이 휘돌아 가는 자연의 현상 앞에서 절로 탄복할 것이다.

이 도선사를 자칫 앞의 구령 암자나 미점사와 중복되는 것으로 착각할 수 있으나, 구령 암자는 사성암 법당 뒤 자연 형성된 바위로 둘러싸인 공간, 지금의 산신각 자리에 있었던 초막을 말하는 것으로 "어느 때는 구름 낀 산봉우리 위의 바위굴(천동(穿洞))[73] 속에서 고요히 앉아 참선을 하고 여름에는 커다란 바위 앞에 초막(草幕)을 지어 참선을 하기도 하였다"는 옥룡사 비문의 기록에서 보듯이, 그 규모 역시 볼품없는 것으로 풀을 모아 엮어 자리를 만든 임시 기거하는 토굴의 형태였으며, 미점사는 오산 동쪽 계곡 돌담불에 있었던 사찰이고, 도선사는 지금의 사성암 본당, 즉 최근까지 김경여(경례) 보살이 지키고 있었던 건물을 말하는 것이다.

다른 한편으로 도탄에 빠진 세상을 구할 간절한 염원으로 몸을 일으킨 혜철국사가 856년부터 858년까지 3년 동안 미점사와 도선사를 창건한 기록을 보면, 처음 오산 산봉우리 암자에 머무른 것은 도참, 즉 풍수지리 관점에서 오산을 하나의 실체로 보고 산을 답사하고 역성혁명(易姓革命),[74] 즉 장차 삼국으로 나뉘어 전란의 구렁에 빠질 세

---

73) 천동(穿洞): 자연적으로 이루어진 동굴 또는 석굴을 말함.

74) 역성혁명(易姓革命): 〈명사〉 ('덕이 있으면 천명을 받아 나라를 다스리게 되지만 덕을 잃으면 다른 덕이 있는 이에게 천명이 옮으므로 혁명이 일어난다'는 뜻으로) '왕조가 바뀜'을 이르는 말.

상을 구하고 백성들을 편안케 할 계획을 세우는 작업이었으며, 오늘날의 기술을 동원해도 어려운 토목과 건축사업을 그 험한 산중 암벽 위에 불과 3년 동안에 다 이루었다는 것은, 그만큼 조직적이고 대규모의 재원과 인력이 동원되었음을 뜻하는 것이다.

즉 827년에 태어난 도선국사가 30 전후의 젊은 나이에 이처럼 거대한 자본과 인력을 동원하여 불사를 일으킨다는 것은, 오늘날에도 불가능한 일로서, 그 주관자인 신인(神人)이 당시 국가 최고의 반열에 올라 있던 동리산 혜철국사였음을 말하는 것이다.

혜철국사 당시 태안사가 백육십이만(1,620,000) 평의 논과 밭을 소유하고 있었는데, 남해바다에서 미역밭은 물론 전남 고흥에서 소금까지 생산하고 있었으며, 훗날 왕건을 도와 삼국을 통일한 광자대사 당시 경남 의령에서 합천과 고성에 이르는 경남 서부와 전남 해안은 물론 영산강 유역까지 태안사가 소유한 토지 내력을 보면, 태안사가 고려 창업에 어떤 역할을 하였는지는 보다 더 확실해진다.

당시 왕건이 지배했던 전남 서부인 나주와 영광은 물론 지금의 경남 내륙인 의령군과 거창군에서 남해안 고성군에 이르는 경남 서부 지역과 전남 남해안까지 태안사가 11개 지역에 대규모의 토지를 보유하고 있었다는 것은, 당시 태안사의 존재와 그 위엄을 지금도 실감할 수 있는 일이며, 태안사가 고려 창업의 중심에 있었음을 말해 주고 있는 것이다.

아울러 이 도선사의 기록에서 중요한 사실은 도선(道詵)이라는 도선국사의 법명(法名)이 본래는 국사의 법호가 아니며, 도선이라는 법호가 여기 도선사, 즉 여기 사성암에서 비롯되었다는 사실이다.

즉 도선사가 도선국사의 법호에서 비롯된 것이 아니고, 도선국사의 법호가 여기 오산 도선사에서 비롯되었다는 말이다.

도선국사의 본래 법호는 혜철국사로부터 비밀하게 도참을 전해 받고 혜철국사의 비를 세운 동리산 상수(上首)인 신종(辛宗)인데, 이에 관한 기록이 태안사 혜철국사 비문에 있다.

> 咸通十三年 歲次壬辰 八月十四日 立 沙門 辛宗
> 함통십삼년 세차임진 팔월십사일 립 사문 신종
>
> 함통(咸通) 13년 임진(壬辰) (872년 경문왕 12년) 8월 14일에 사문(沙門) 신종(辛宗)이 비(碑)를 세웠다.
>
> 〈혜철국사 비문에서 발췌〉

사성암사적과 도선국사비음기를 보면, 처음 도선국사의 호가 도선이 아니었음을 알 수가 있으며, 동리산을 대표하여 혜철국사의 비를 세워 주기를 왕에게 상소하고 비(碑) 끝에 서명을 한 사문(沙門) 신종(辛宗)이 도선국사라는 증거는 도선국사가 태안사에 들어가는 847년부터 혜철국사의 비를 세우는 872년까지의 기록을 보고, 혜철국사의 의발(衣鉢)이 전해진 순서와 광자대사가 주지직을 인계받은 기록을 보면 잘 알 수가 있다.

고금을 통틀어 살아 있는 당대의 승려들이 그것도 이제 갓 입문한 젊은 승려가 자신의 법호로 사찰을 짓는 일은 고금의 역사에 없는 일이거니와 당시 스승인 혜철국사를 도와 오산 정상에 지은 것이 도선사였는데, 감히 제자가 그것도 한평생 유지를 받들어 모신 스승과 함께 지은 신성한 사찰의 명칭을 자신의 법호로 짓는다는 것은, 그 전례가 없는 일이다.

그러나 도선사는 도선국사에게 있어서 석가모니 부처님이 깨달음에 이른 부다가야(Buddha Gaya)와 같은 존재이며, 오랫동안 머무른 사찰이다.

　도선국사의 호를 도선(道詵)이라 한 것은, 혜철국사 사후 스승의 유업을 잊지 않고 받들겠다는 의미로 도선국사 자신이 개명(改名)한 것인지 알 수는 없지만, 도선국사가 도를 통달한 곳이라는 오산에 전해 오는 이야기나 일반적인 관점에서 보면 '도선사에 사는 스님' 또는 '도선사에서 도를 통달한 스님'이라는 뜻으로, 그 절에 거주하는 승려의 법호를 모르는 세상 사람들이, '도선사스님'이라고 부르던 것이, '도선스님'이라는 법호로 변하여 고착 일반화된 것이다.

　도선국사 본인 또한 세간의 호칭을 그대로 받아들인 것으로, 이러한 현상은 오늘날에도 주변에서 종종 볼 수 있는 일들이니 사성암, 즉 도선사는 도선국사와 결코 둘이 될 수 없는 한 몸이었음을 분명하게 알 수 있는 일이다.

　【부연하면 오늘날 구례 사람들이 '김경여' 하면 몰라도 '사성암 보살' 또는 '오산 절 보살' 하면 아는 이치와 같다.】

　그러나 무엇보다도 도선국사가 혜철국사로부터 도참의 비결을 전해 받았다는 도선국사 비문의 기록에서 보듯이 구령 암자, 즉 오산 도선사(사성암)는 삼수(三水), 즉 섬진강과 보성강(寶城江)75)이 합류하는 압록(鴨綠)을 중심으로 본사(本寺)인 동리산(桐裏山) 태안사(泰安寺), 천마산(天馬山) 황룡사(黃龍寺)76)와 함께 혜철국사가 점지(點指) 비보(裨補)한 삼태극(三太極)

---

75) 보성강(寶城江): 옛 이름 대황강(大荒江), 전라남도 보성군(寶城郡) 남부에서 발원하여 북쪽으로 흘러 곡성 옥곡면 압록마을에서 섬진강으로 유입하는 하천. 길이 120㎞. 유역면적 1309.7㎢.

76) 황룡사(黃龍寺): 도선국사 비문에서 말하는 도선국사가 신인(神人)과 함께 지었다는 삼국통일을 위한 인재양성소로 추정되는 사찰이다. 1872년 제작된 구례현 지도에 본황리(本黃里)로 되어 있다. 현재는 곡성군 고달면 가정리와 구례군 논곡리로 나뉘어 있으며 보물 제509호. 논곡리 삼층석탑이 있다.

의 한 축으로, 셋으로 나뉘어 전란의 구렁에 빠진 나라와 백성들을 하나로 화합 통일하는 통합의 횃불을 들고 삼한을 통일하고 마침내 고려를 창업하여 나라를 구하고 백성을 편안케 한 역사의 현장이다.

태안사를 중심으로 오산 도선사 천마산 황룡사로 이어진 고려창업의 역사를 정치적으로 보면, 처음 847년 경주 출신 혜철국사가 섬진강(순자강)과 보성강(대황강)이 하나로 합하여 운기하는 압록(鴨綠) 삼태극의 중심 혈(穴), 즉 삼수중(三水中)에 자리한 동리산 태안사에 "즉심시불(卽心是佛), 마음이 곧 부처다", 즉 누구나 깨달으면 부처라는 절대자유 만민평등이라는 주장자(柱杖子)를 세우고 집게손가락을 치켜든 것은, "왕즉시불(王卽是佛), 왕이 곧 부처"라며 부패한 신라가 미구(未久)에 전란(戰亂)이 일어나 국토와 백성들이 삼국(三國)으로 나뉘어 서로가 서로를 증오하며 죽이고 죽는 도탄(塗炭)의 구렁에 빠질 것을 미리 알고, 한반도 남부의 중심축인 여기 섬진강 압록(동리산 태안사)에서 영산강과 낙동강 세력을 하나로 연계(連繫)하여 전란에 빠진 나라와 백성들을 다시 하나로 화합시키고 통합하여, 세상을 구하고 백성들을 안락하게 하는 새로운 세상 새로운 나라 고려를 창업하기 위한 삼한통일의 비밀한 전략이며 역사였다.

보다 자세한 것은 필자의 저서 "동리산 사문비보(桐裏山 沙門裨補, 2009년 1월 도서출판 박이정 간행)"를 참고하기 바란다.

이처럼 유서 깊은 도선사가 언제 누구에 의해 사성암(四聖庵)으로 바뀌었는지 알 수는 없지만, 문헌상으로 사성암이라 한 것은, 연담대사(蓮潭大師, 1720~1799)가 지은 사성암중창문(四聖庵重刱文)의 기록에 처음 나오는 이름이며, 경암대종사(鏡巖大宗師, 1743~1804)가 쓴 오산기(鰲山記)에 "화엄사기(華嚴寺記)에 의하면 원효대사(元曉大師)·의상대사(義湘

大師)·도선국사(道詵國師), 세 분이 모두 이곳에서 수도하였다고 전하며, 진각국사(眞覺國師)가 수도하여 사성(四聖)이라는 이름의 암자가 된 것은 이 때문이다" 하였는데, 이로 보아 도선국사 이후 대대로 사성암을 관할하던 태안사가 고려 이후 조선의 억불(抑佛) 정치로 수많은 재산들을 관서(官署)에 탈취당하고 쇠락한 조선시대 화엄사에서 도선사를 관할하면서 도선사의 역사를 화엄사 관점에서 사성암으로 바꾼 것으로 보이지만, 사실의 여부를 떠나 원효대사와 의상대사가 당시 서로 대립하던 백제의 땅인 오산에 머물렀다는 화엄사의 기록은 역사 속에서 고증할 수 없는 것으로 후대에 와전된 잘못된 것이다.

다음은 오산(鰲山)에 관한 설명이다.

지금까지 설명한 대로 도탄에 빠진 세상을 구하고 백성들을 편안케 하려는 비원(悲願)을 간직한 구령, 즉 약사여래를 머리에 이고 있는 유서 깊은 산을 언제부터 오산(鰲山)이라고 하였는지, 고려 말 원감국사[圓鑑國師, 1226~1292(고종 13~충렬왕 18)] 문집에 이름이 나오는 것 이외에는 특별히 전하는 문헌이 없어 역사와 유래를 알 길이 없다.

다만 오산(鰲山)이라는 이름을 풀어 보면, 오(鰲)는 원래 자라 오(鼇)의 속자(俗字)로, 본뜻은 자라, 바다의 큰 자라, 큰 바다거북을 뜻하며, 방장(方丈, 지리산)·봉래(蓬萊, 금강산)·영주(瀛洲, 한라산)의 삼신산(三神山)77)을 등에 지고 있다는 상상 속의 동물이고,

---

77) 삼신산(三神山): 중국 전설상의 신산(神山). 보하이만[渤海灣(발해만)] 중에 있다고 하는 봉래산(蓬萊山)·방장산(方丈山)·영주산(瀛洲山)의 세 산을 가리킨다. 그 발생에는 신기루설(蜃氣樓說)·산악신앙설(山岳信仰說) 등 여러 설이 있고, B.C. 5~B.C. 3세기의 전국시대(戰國時代)에 연(燕)·제(齊)나라의 방사(方士 : 神仙의 術을 행하는 사람)가 주장하였는데, 그곳에는 신선이 살며, 불로장생하는 신약이 있다고 믿었다. 전국시대 말기 연·제나라의 여러 임금과 진(秦)나라 시황제(始皇帝) 또는 한(漢)나라 무제(武帝) 등이 사자(使者)를 보내 바다에서 그 신산을 찾아 불사약을 구해 오도록 하였다. 전설에 따르면 삼신산은 해안에서 멀리 떨어져 있지는 않으나, 사람이 접근하면 풍파가 일어나서 배가 가까이 갈 수 없으며, 집

오산(鰲山) 전경

　　마치 신령한 거북이가 등에 진귀한 보물들을 잔뜩 싣고 뭍으로 올라와 동방으로 향하는 것 같은 오산의 모습과 인근 구례읍 봉서리 고인돌에 거북암각화가 새겨진 것으로 보아, 선사시대부터 이어져 온 자연숭배사상에서 비롯된 이름으로 보인다.

　　예로부터 오산(鰲山) 봉우리에는 신선이 산다는 전설이 있으니, 처음 오산(鰲山)이라 부른 연유가 삼신사상(三神思想), 즉 신선사상(神仙思想)에서 비롯된 것임을 알 수가 있다.

　　특히 구례읍 봉서리 고인돌에 새겨진 거북이 암각화(岩刻畵)78)를 보면, 예로부터 오산을 거북이로 보았고 신성(神聖)한 성역이었음을 알 수가 있다.

　　구례읍 봉서리 구례 중학교 앞들 가운데(소나무 군락) 대략 기원전 1500년경 청동기 시대의 대표적인 무덤인 고인돌79) 군락(12기)이 있는

　　은 황금과 은으로 되어 있고, 그곳에 사는 새나 짐승은 모두 희다 한다. 이러한 기록은 사마천(司馬遷)의 ≪사기(史記)≫ 〈봉선서(封禪書)〉에 자세히 나와 있는데, 이것은 신선설에 관한 가장 오래된 기록이라고 한다. 그러나 후세에는 설화 속에 전승되어 오히려 신선경의 상징적 존재로 되어 있다. 일설에는 전국시대의 해상교통이 성행했던 것을 뒷받침하는 것이라고도 한다. 한국에서는 금강산·한라산을 말한다.

78) 암각화(岩刻畵): 돌이나 금속제의 도구를 사용하여 바위의 표면을 쪼아 내거나 갈아 파거나 또는 그어서 동물, 인물 또는 기하학적 문양 등을 새겨 놓은 것을 말한다.

79) 고인돌: 〈명사〉 ≪고고학≫ 큰 돌을 몇 개 둘러 세우고, 그 위에 넓적한 돌을 덮어 놓은, 선사시대의 무덤. 북방식과 남방식이 있음. 〈동의어〉 돌멘. 지석묘(支石墓)라 부르기도 하는데, 이는 일본의 사관일 뿐 우리나라 고유 언어가 아니다.

데, 특이하게도 거북이 형상(形狀)으로 섬진강 건너 거북이 형상을 한 오산(鰲山)을 바라보고 있는 제일 큰 고인돌을 중심으로 밀집되어 있으며, 이 고인돌 등에는 1.73m가량의 거북이 암각화가 음각으로 새겨져 있다.

특히 거북 형상을 한 고인돌 바위 정점 우측 너머로 거북이 머리가 그려져 있어, 마치 어린 거북이가 어미를 찾아가듯, 정확히 강 건너 거북 형상을 한 오산(鰲山) 정상을 향하여 가고 있는 모습으로 간절한 염원을 담고 있는데, 이는 자연물 또는 자연 현상을 신격화(神格化)한 자연숭배사상에서 비롯된 것으로, 청동기시대 이 땅에 살았던 조상들의 문화다.

구례읍 봉서리 고인돌(전라남도 기념물 149호)

사진에서는 보이지 않지만, 거북 형상을 한 고인돌 바위 정점 우측 너머로 거북이 머리가 그려져 있어, 마치 어린 거북이가 어미를 찾아가듯, 거북 형상을 한 오산(鰲山)을 향하여 가고 있는 모습으로 간절한 염원을 담고 있는데, 이는 자연물 또는 자연현상을 신격화한 자연숭배사상에서 비롯된 것으로, 청동기시대 이 땅에 살았던 조상들의 문화다. 키 170㎝인 중산리 정정환 군을 고인돌과 거북이 그림 옆에 세워 바위와 그림의 크기를 비교하였으니 참고하여 보기 바란다.

봉서리 고인돌 안내문에는 이 거북이 암각화를 통일신라시대에 조각된 것으로 짐작된다 하였는데, 주변에 있는 화엄사 석탑이나 오산 암벽에 새겨진 약사여래를 보아도 돌을 다루는 석공(石工)의 기술이 예술의 경지에 이른 통일신라의 작품으로 보기에는 그림이 너무 투박하고, 아울러 거북이를 음각한 동기, 즉 산천(山川)에 제(祭)를 지냈다거나 또는 무당의 주술적 용도라는 등 그에 합당한 문화가 설명되어야 하는데, 처음부터 거북이 형상으로 강 건너 커다란 거북이의 형상인 오산을 바라보고 있는 고인돌 자체는 물론이거니와 고인돌의 위치나 거북이 형상을 한 오산을 향하여 가고 있는 고인돌 등에 새겨진 암각화 속의 거북이가 설명되지 않는다.

거북이 형상을 하고 있는 고인돌은 물론이거니와 고인돌, 즉 무덤에서 나온 거북이가 애써 가려고 하는 곳이 강 건너 오산(鰲山)이라는 것은, 고인돌의 거북이와 오산은 불가분의 관계임을 말하는 것으로, "산봉우리가 거북이 엎드린 형상과 같으므로 구지(龜旨)라 했다"는 가야(伽倻)80)의 시조 수로왕(首露王)81)의 신화인 구지가(龜旨歌)82)를 보더라도, 봉

---

80) 가야(伽倻): 신라 유리왕 19년(42)에 낙동강 하류 지역에서 12부족의 연맹체를 통합하여 김수로왕의 형제들이 세운 여섯 나라를 통틀어 이르는 말. 금관가야를 맹주로 하여 대가야·소가야·아라가야·성산가야·고령가야, 여섯 가야가 있었는데, 562년에 대가야를 마지막으로 신라에 병합되었다.

81) 수로왕(首露王, ?~199): 가야의 시조(始祖)(?~199). 일명 수릉(首陵). 하늘로부터 김해의 구지봉(龜旨峰)에 내려와 육 가야를 세웠다는 여섯 형제의 맏이로, 김해 김씨의 시조이다. 재위 기간은 42~199년이다.

82) 구지가(龜旨歌): 상고시대의 시가(詩歌). 작자·연대 미상. 영신군가(迎神君歌)라고도 한다. 옛날 가락국의 구간(九干 : 아홉 사람의 족장)이 구지봉(龜旨峰)에 모여 최고통치자인 김수로왕(金首露王)을 맞이하기 위해 불렀다는 일종의 주문(呪文)으로 고대 가요형태를 보여 주는 좋은 예다. ≪삼국유사(三國遺事)≫ 〈가락국기조(駕洛國記條)〉에 "거북아, 거북아, 머리를 내어라, 만약에 내지 않으면 구워서 먹으리(龜何龜何 首其現也 若不現也 燔灼而喫也)"라는 가사가 기록되어 있다. 형식상 사구체가(四句體歌)로, 700년경에 이루어진 팔구체가(八句體歌) 형식의 무가인 ≪해가사(海歌詞)≫는 이 노래를 그대로 계승한 아작(亞作)이다. 기록 연대로는 ≪황조가(黃鳥歌)≫나 ≪도솔가(兜率歌)≫보다는 후대의 것으로 보이나, 작품

서리 고인돌 거북이 암각화의 역사는 선사시대로 보는 것이 옳다.

보다 전문적인 학자들의 연구가 필요하겠지만, 필자의 견해로는 봉서리 고인돌에 그려진 거북이는 오산(鼇山 鼇山) 봉우리에 신선(神仙)이 산다는 삼신사상(三神思想), 즉 원시 자연숭배사상에서 비롯된 것으로, 고인돌의 주인인 죽은 사람이 오산 봉우리에 올라 신선으로 환생하기를 바라며 그린 것으로, 즉 봉서리 암각화는 흔히 오늘날 우리가 알고 있는 사신도(四神圖)나 신선도(神仙圖) 등을 그린 석실분(石室墳) 벽화(壁畵)의 시초(始初), 즉 선사시대 장례문화의 원형으로 귀중한 유적이다.

특히 고인돌 자체가 거북이를 닮기도 하였지만, 이 거북이 암각화 고인돌을 중심으로 고인돌 군락이 형성되었다는 것은 많은 것을 생각하게 하는 부분이며, 이것이 대대로 구례 주민들이 오산을 신성(神聖)하게 받드는 전통이며 마음의 상징이다.

지금까지 살펴본 대로 오산의 모습과 역사를 보면, 오산(鼇山)이라는 이름과 김수로왕의 신화인 구지가와 봉서리 고인돌 거북이 암각화에서 보듯이, 마치 삼신산을 등에 지고 있다는 전설 속의 거북이가 뭍으로 나온 것 같은 오산은 거북이를 닮은 연유로 선사시대부터 신성한 대접을 받아 왔으며, 오산이라 이름 지어진 것은 삼신사상이 들어온 때로부터 보아야 한다.

다음은 열자(列子)[83] 탕문(湯問)편에 나오는 우(禹)[84] 임금의 이야기

성격상으로 원시신앙에서 오는 주술적인 내용과 노래 자체의 명령적이고 위압적인 마력 때문에 원시시대로부터 가창되었던 것으로 보인다.

83) 열자(列子, ?~?): 중국 전국시대(B.C. 475~221)의 사상가. 본명은 열어구(列禦寇). 중국 도가의 기본사상을 확립시킨 3명의 철학가 가운데 한 사람이며, 도가 경전인 〈열자〉의 저자로 전해진다.

84) 우(禹): 중국 하(夏)나라 시조로 전해지는 인물. 중국에 큰 홍수가 났을 때, 치수(治水)에 실

가운데 눈여겨볼 대목이 있어 소개하는 글이다.

산의 모양과 설명이 오산과 너무도 흡사하여 소개하는 것이니, 참고하여 보기를 바란다.

우(禹) 임금의 이야기에서 산의 이름을 호령(壺領)이라 하고, 생김새가 시루와 같고, 그 산 꼭대기에 구멍이 한 개 있다는 기록은 얼핏 보면 산을 구령(甌嶺)이라 하였고 항아리와 같은 생김새와 산봉우리

패한 곤의 뒤를 이어 아들인 우가 성공하자 그 공적에 의해 황제 순(舜)에게서 황제의 지위를 물려받았다고 ≪사기(史記)≫ 〈하본기(夏本紀)〉 등에서 전해진다. ≪상서(尙書: 書經)≫ 〈우공(禹貢)〉에는 우가 중국 전토를 9주로 나누어 각각의 토지에 적합한 공납품을 정했다고 하는 기록이 있으나, 이것은 후세 전국시대 무렵의 상황이 우시대의 것으로 잘못 전해진 것이다. 요(堯)에서 순(舜)으로, 순에서 우로 황제의 자리가 물려져 내려왔다는 설화도 이 무렵에 생겨난 것으로 보인다. 전국시대 초기 묵자(墨子)는 가족보다는 치수에 더 열심이었던 우의 근면성실함과 소박한 생활태도에 깊은 경의를 표했으며, 지금도 중국 각지에는 우의 치수전설에 얽힌 장소가 남아 있다.

바위에 빈 구멍이 있는데, 그 깊이가 얼마인지 알 길이 없다는 오산과 똑같은 것이다.

옛 고사(故事)에 백문불여일견(百聞不如一見)이라. 백 번을 듣는 것보다 한 번 보는 것이 낫다 하였으니, 누구든지 오산에 올라 직접 눈으로 현장을 확인한다면, 오산의 존재가 무엇인지 스스로 알 수 있는 일이다.

끝으로 이 오산은 진각국사(眞覺國師, 1178~1234)[85] 비문과 경암대사의 기록에 의하면, 진각국사가 선문염송(禪門拈頌)[86]을 처음 집필한 역사의 현장이다.

고려 대문장가인 이규보가 지어 1250년에 건립한 월남사 진각국사 비문에 의하면, "일찍이 오산에 살고 있었는데, 한 반석 위에 앉아 밤낮으로 항상 선정(禪定)을 익히어, 매양 오경에 이르도록 매우 큰 소리로 게송을 읊으시니, 그 소리가 10여 리에 들리어 조금도 때를 어기지 아니하니 듣는 이가 이것으로써 아침임을 짐작하였다" 하였고, 사성암사적에 의하면 "진각국사께서 구례군 문척면 오산 사성

---

85) 진각국사(眞覺國師, 1178~1234): 고려 후기 승려. 속성은 최씨(崔氏), 이름은 식. 호는 무의자(無衣子). 1201년(신종 4) 사마시(司馬試)에 합격하고 태학에 들어갔으나 어머니의 병환으로 고향에 머물면서 불경을 탐독하였다. 이듬해 조계산(曹溪山) 지눌(知訥)의 제자가 되었고 1210년(희종 6) 지눌의 뒤를 이어 조계종 2세(世)가 되었다. 고종 즉위 후 선사(禪師)·대선사를 제수받았으나 상경하지 않고 수선사(修禪寺)에 있으면서 단속사(斷俗寺) 주지를 겸하였다. 1234년 월등사(月燈寺)에서 입적하였다. 지눌의 충실한 제자였으며, 세속적 권력을 탐하는 승려들이나 왕실의 주술적 타력의존 신앙풍조를 교화하였다. 저서에 ≪조계진각국사어록(曹溪眞覺國師語錄)≫, ≪선문염송집(禪門拈頌集)≫, ≪무의자시집≫, ≪금강경찬(金剛經贊)≫ 등이 있다. 탑호는 원소. 시호는 진각국사.

86) 선문염송(禪門拈頌): 고려 중기 승려 혜심(慧諶)이 편찬한 선문공안집(禪門公案集). 1226년(고종 13)에 편찬되었다. 선림(禪林)의 고화(古話) 1125칙(則)과 여러 선사들의 염·송·법어 등을 모아 수록한 것으로, 선문의 오종론도(悟宗論道)에 대한 자료로 삼은 것이라 한다. 그 후 1244년 개판(改版) 때 347칙이 추가되었다. 고려시대부터 여러 차례 개판되었고, 한국 선문의 필수적인 기본학습서로 채택되었으며, 각운(覺雲)의 ≪선문염송설화≫를 비롯한 몇 종의 주석서가 나왔다. 현재 전하는 여러 종의 판본은 모두 조선시대 것인데, 1568년 법흥사(法興寺) 판본이 최고본(最古本)이다. 30권 10책. 목판본.

암에서 이 염송을 지었다” 하였다.

이 선문염송의 중요성은 고려시대로부터 조선시대를 거쳐 오늘에 이르기까지 선문(禪門)의 공안(公案)으로 널리 인정되어 왔으며, 앞으로 컴퓨터 문명이 지배하는 미래세계에서 세계 최대의 선문공안집(禪門公案集)으로 우리 한국만이 갖고 있는 독보적인 불교정신문화이며, 과학문명으로부터 소외되는 인간을 구원할 영원히 마르지 않을 지혜의 샘물이 될 것이다.

그러나 무엇보다도 여기 오산 봉우리 암자에서 혜철국사가 은밀하게 도선국사에게 전하여 왕건으로 하여금 전란의 구렁에 빠진 삼한을 통일하여 고려를 창업하고, 오랜 세월 나라를 태평성대로 이끈 도참(圖讖)의 비결, 즉 처음 847년 경주 출신 혜철국사가 섬진강(순자강)과 보성강(대황강)이 하나로 합하여 운기(運氣)하는 압록(鴨綠) 삼태극(三太極)의 중심 혈(穴), 즉 한반도 남부의 중심축인 여기 섬진강 압록에서 한 송이 회삼귀일의 연꽃을 들어 영산강과 낙동강 세력을 하나로 연계(連繫)하여 전란의 구렁에 빠진 나라와 백성들을 하나로 화합시키고 통합하여, 나라를 구하고 백성들을 안락하게 하는 새로운 세상 새로운 나라 고려를 창업한 섬진강 통합사상 삼한통합의 역사는 오늘날 국토는 외세에 의해 ‘남북(南北)’으로 동강 나 대립하고, 국민들은 ‘동서(東西)’로 갈리어 서로를 증오하며, 삼한의 폐해를 그대로 재현하고 있는 우리 대한민국이 다시 하나로 화합 통일하여 태평성대를 이루는 21세기 삼한통일, 즉 국민화합과 남북통일의 방법을 일러 주는 비결(秘訣)이라는 사실이다.

엎드려 간절히 비나니, 오산(鰲山)의 약사여래는 다시 화현(化現)하시어 가엾은 이 나라와 국민들을 구하소서.

제2장

사성암 중창문

有一 蓮潭大師[1] 지음
유일　연담대사

四聖庵 重刱[2]文
사성암 중창　문

사성암을 다시 고쳐 지으며 짓는 글

環天下叢林이 羅列海라 和尙之弘規가 尙新하고 就山中蘭若
환천하총림　　나열해　　화상지홍규　　상신　　　취산중란약

가 歸然하니 眞覺國師遺制가 依舊[3]로다.
　규연　　　진각국사유제　　의구

온 천하에 총림(叢林)[4]이 바다처럼 나열해 있음에 화상(和尙)[5]들의 법도

가 새롭고 산중에 절이 우뚝하니, 진각국사께서 남기신 제도가 옛날과 다

---

1) 연담대사(蓮潭大師): 유일(有一, 1720~1799), 조선 후기의 승려. 본관은 화순(和順), 속성은
천(千), 호는 연담(蓮潭), 자는 무이(無二)이다. 1737년(영조 13) 18세 때 법천사(法泉寺) 성
철(性哲)을 찾아 출가, 승려가 되어 이듬해 안빈(安貧)에게 구족계를 받았다. 1741년 해인사
(海印寺)의 체정(體靜)에게 가서 선지(禪旨)를 배우고, 또 설파(雪坡) 상언(尙彦) 문하에서 교
리를 통달하였다. 그 후 1750년 보림사(寶林寺)에 들어가 30여 년을 강설(講說)하는 동안 언
제나 100여 명의 제자들이 따랐다. 저서에는 ≪능엄사기(楞嚴私記)≫, ≪제경회요(諸經會
要)≫, ≪사집사기(四集私記)≫, ≪연담임하록(蓮潭林下錄)≫, ≪원각사기(圓覺私記)≫ 등
이 있다.

2) 중창(重刱): 〈명사〉 낡은 건물을 헐 것은 헐고 고칠 것은 고쳐서 다시 새롭게 이룩함. 중창－하다.
〈타동사〉〈여불규칙활용〉 중창－되다.

3) 의구(依舊): 〈형용사〉〈여불규칙활용〉 옛날과 같다. ¶ 산천은 의구하되 인걸은 간 데 없다.
〈동의어〉 여구하다.

4) 총림(叢林): 강원(講院)·선원(禪院)·율원(律院)의 3개 교육 기관을 모두 갖춘 사찰.

5) 화상(和尙): 수행(修行)을 많이 하신 스님을 높이는 말.

름없다.

悅若空中樓閣하야 八面玲瓏[6]하고 嬴得物外烟霞하니 四事[7]
황 약 공 중 루 각   팔 면 영 롱   영 득 물 외 연 하   사 사

가 具足이로다.
     구 족

황홀하기가 공중의 누각과 같아서 팔면(八面)이 영롱하고 속세 밖의 경치
를 충분하게 얻어 보았더니. 네 가지의 일이 다 갖추어졌다.

學者旦過하니 商量南詢法門하고 衲僧이 雲臻하니 漏洩西來
학 자 단 과   상 량 남 순 법 문   납 승   운 진   루 설 서 래

大意라
대 의

배우는 자가 찾아오니 선재동자가 남쪽으로 와서 법문(法門)을 물을 일을
생각하겠고. 납의를 입은 스님이 구름처럼 모여드니. 달마가 서쪽에서 온
큰 뜻이 새어 나갔다.

雖然이나 正法은 不關時運이라하나 爭奈道場亦隨緣遷고
수 연   정 법   불 관 시 운   쟁 내 도 량 역 수 연 천

비록 정법(正法)은 시운(時運)[8]과 관계되지 않는다 하지만. 도량(道場)은
인연에 따라 변해 가니 어찌할꼬.

方丈室前엔 草深一丈하고 長連床上에 塵沉幾時아
방 장 실 전   초 심 일 장   장 연 상 상   진 침 기 시

방장실 앞에는 풀이 한 길이나 자랐고. 장련상(長連床)[9] 위에 먼지 쌓인
지 얼마나 되었던가?

玆乃向百草頭邊하야 鉏破하니 白雲折라
자 내 향 백 초 두 변   서 파   백 운 제

이에 꼭대기 우거진 풀들을 호미로 파 버리니 흰 구름이 편안하였다네.

莫開場選佛하라 就三條椽下하리라
막 개 장 선 불   취 삼 조 연 하

선불장(選佛場)[10]을 열지 마라. 세 가닥 서까래 아래로 나아가리라.

---

6) 팔면영롱(八面玲瓏): 〈명사〉 ① 어느 면으로 보나 아름답고 환하게 맑음. ② 마음에 아무런
  막힘이나 우울함이 없이 환함.

7) 사사(四事): 공양하는 네 가지 거리를 말함. 방사(房舍)·음식·의복·산화소향(散華燒香)이
  그것이다.

8) 시운(時運): 〈명사〉 때의 운수.

9) 장련상(長連床): 좌선당(坐禪堂) 안에 설치한 선상(禪床). 승려는 이 위에서 참선을 한다. 남
  상(南床)과 북상(北床)으로 나뉘는데 횡으로 긴 좌상이 이어져 있는 것을 장련상이라고 한다.

10) 선불장(選佛場): 부처를 뽑는 장소라는 뜻. 선법(禪法)을 닦는 도량.

匙挑金鎖端이라도 合立地逢人이라
시 도 금 쇄 단　　　　합 립 지 봉 인

열쇠로 자물쇠를 열고 땅을 마련하고 사람을 만나야겠다.

貧道가 隻手로 欲修成함은 祗爲扶他五葉이니 長者萬緣都放
빈 도　　척 수　　욕 수 성　　지 위 부 타 오 엽　　장 자 만 연 도 방

下也
하 야

빈도(貧道)[11]가 맨손으로 다시 세우고자 함은 다만 저 오엽(五葉)[12]을 부

지하기 위함이니 부자들은 만 가지 굴레를 모두 벗어 버려라.

須乞我一文 果能不把看 蠶絲蟹筐[13] 可以管得取 拋磚引玉
수 걸 아 일 문 　과 능 불 파 간 　잠 사 해 광　　가 이 관 득 취 　포 전 인 옥

빌건대 한 푼도 작게 보지 않고 누에가 실을 뽑듯 게의 등일지라도 모두

취하여 돌이라도 내치지 않고 끌어다 옥으로 만들리라.

　　〈출전(出典): 연담대사 임하록(蓮潭大師 林下錄) 권삼(卷三)에서 발췌〉

---

11) 빈도(貧道): 〈대명사〉 승려나 도사가 '자기'를 겸손하게 일컫는 말. 〈동의어〉 빈승(貧僧).

12) 오엽(五葉): 달마 대사의 전법게(傳法偈)에 "내가 본래 이 국토에 온 것은 법을 전해 중생을
　　제도하기 위함이라. 한 꽃에 다섯 잎이 피니 열매 저절로 열린다(吾本來玆土하니 傳法救迷
　　情이라 一花開五葉하니 結果自然成이라)"고 한 데에서 나온 말로서 다섯 종파가 성하게
　　되리라는 것을 말한 것이다. 여기에서는 선종의 다섯 종파를 일컫는 말로 선법(禪法)을 부호
　　(扶護)하기 위해서라는 뜻으로 쓰였다.

13) 해광(蟹筐): 게의 등.

제3장

오산기(鰲山記)

應允 鏡巖大宗師[1] 지음
응윤 경암 대종사

鰲山記
오 산 기

오산의 기록

求禮西南 突峰千仞上에 有四聖庵하니 前後左右가 皆石壁十
구 례 서 남　돌 봉 천 인 상　　유 사 성 암　　　전 후 좌 우　　개 석 벽 십

數丈이요 道詵窟이 在庵後라
수 장　　　도 선 굴　　재 암 후

구례 서남쪽에 거침없이 우뚝 솟아오른 산봉우리 천 길 절벽 위에 사성암
(四聖庵)이 있는데, 앞뒤 좌우가 모두 십수 길의 바위 절벽으로 이루어져
있고, 도선국사께서 수도하시던 바위굴이 암자 뒤에 있다.

眞覺無衣子가 嘗習定於此할새 每五更에 唱偈하니 聲聞十許
진 각 무 의 자　　상 습 정 어 차　　　매 오 경　　창 게　　　성 문 십 허

---

1) 경암대종사(鏡巖大宗師): 응윤[應允, 1743~1804(영조 19~순조 4)] 조선 중기 승려. 속성
(俗姓)은 민(閔), 이름은 관식(慣拭). 그의 왕생론(往生論)·논삼교이동설(論三敎異同說)이 주목
된다. 그는 〈참다운 법계(法界)는 참다운 한마음[一眞心]〉이라 하였고, 유(儒)·불(佛)·도(道)
3교를 하나로 보았다. 이는 당시의 사상경향이기도 하다. 鏡巖集이 남아 전한다. 이 책은 벽송
사에서 수도 정진하면서 기록한 책판으로 3권 1책의 목판본 시문집이다. 4주 쌍변 형식의 47
매로 1804년 조성되어 활자본은 동국대학교 도서관과 규장각 도서관에 있고 판본 4매가 분
실되었다. 규격은 10행 21자로 반곽은 20.5×16㎝이며, 권 상에는 오언절구. 칠언절구 고시
등의 시가 수록되어 있고, 부록 형식의 권 하에는 잡저, 소, 한화록(韓話錄), 문답이 수록되어
있다. 특히 논 한자설, 논 무학사적설, 오효자전, 박 열부전, 논 삼교동이 등은 당시 종교사회
에서 유교적 사회윤리에 대한 불교적 관심과 저자의 사상을 이해하는 중요한 자료이다.

里라 畧不失時하니 聞者以爲候晨이라고 月南碑云하니라
리   약불실시   문자이위후신   월남비운

"진각국사께서 일찍이 이곳에서 선정을 닦으실 때 매일같이 오경(五更)에
큰 소리로 게송을 읊으시니, 그 목소리가 10리까지 들렸으며, 조금도 시
간을 어기지 않아 주변 사람들이 그 소리만 들리면 새벽이 된 줄을 알았
다고 한다"고 월남비(月南碑)에 전해지고 있다.

又華嚴寺記에 元曉義湘道詵이 皆居云云이라 并眞覺하니 則
우화엄사기   원효의상도선   개거운운   병진각   즉

四聖之名庵以也라
사성지명암이야

또 화엄사기에 의하면 원효대사·의상대사·도선국사 이 세 분이 모두
이곳에서 살았다고 전하며, 진각국사도 살았으니, 사성(四聖)이라는 이름의
암자가 된 것은 이 때문이다.

立松臺四望
입송대사망

송대(松臺)에 서서 사방을 바라보면

平野城邑
평야성읍

들과 읍성이 있고

閭閻人家
여염인가

여염(閭閻)의 민가(民家)들이 있다.

撲地入夜
박지입야

대지 가득히 밤이 찾아오면

村燈如星撒晴空
촌등여성철청공

마을 등불은 맑은 하늘에 별을 뿌려 놓은 것 같고

潺水江環帶其下
잔수강환대기하

잔수강은 둥근 옥처럼 하계(下界)를 둘렀다.

〈출전(出典): 응윤(應允) 경암집(鏡巖集) 권 하(卷下)에서 발췌〉

제4장

오산 사성암사적과 해석

본문을 읽기 전에 일러두는 말

  본문 '사성암사적과 해석'은 사성암의 역사를 올바로 전하기 위하여, 본문 밑에 필자의 '주(註)'를 달아 기록들의 진위를 가리고 역사적 의미를 설명하였으니, 참고하여 혼란이 없기를 바란다.

오산(鰲山) 사성암사적(四聖庵事蹟)과 해석

鰲山 四聖庵事蹟[1]
오산 사성암사적

구례군 문척면 오산(鰲山) 사성암(四聖庵) 사적(事蹟)

  주(註): 이 사성암사적은 어느 때인지 알 수는 없지만 한말(韓末) 이후 만실(曼室)스님이 화엄사사적(華嚴寺事跡)[2]과 광양 옥룡사(玉龍寺) 도

---

1) 오산 사성암사적(鰲山 四聖庵事蹟): 전남 구례군 문척면 죽마리 산 7번지 오산 정상에 소재, 자세한 인적사항은 알 수 없지만 운파문인(雲坡門人) 만실(曼室)스님이 써 놓은 것을, 서기 1965년 중양절(重陽節)에 화엄사(華嚴寺)에서 간행하였다.

2) 화엄사사적(華嚴寺事跡): 전라남도 구례군 마산면 황전리 지리산에 있는 화엄사의 사적과 관

선국사(道詵國師) 비음기(碑陰記)와 원감국사(圓鑑國師)와 경암대사(鏡巖大師)의 문집(文集)과 구례 봉성지(鳳城誌) 등에서 자료들을 모아 만들어 놓은 것을, 1965년 화엄사에서 간행한 것이다.

옥룡사 도선국사 비문의 기록에 의하면, 오산은 처음 약사여래부처님이 사발을 들고 있는 봉우리라는 뜻으로 구령(甌嶺)이라 하였고, 사성암은 혜철국사가 산천비보(山川裨補)를 위하여 머무른 이름 없는 암자였으나, 도선국사를 만나 전란의 구렁에 빠질 세상을 구하고 백성들을 안락하게 하는 도참을 전하고, 이후 856년 도선국사와 함께 오산 동쪽 암벽에 약사여래를 조성하여 모시고, 이어 오산 동쪽(월평리 한림봉 남쪽) 계곡에 절을 짓고 미점사(米岾寺)라 하였으며, 다시 858년 수도하던 오산 봉우리 지금의 사성암 본당 자리에 건물을 새로 짓고 도선사(道詵寺)라 한 이후 시대와 사람에 따라 산(山)과 사찰(寺刹)이 여러 가지 이름으로 유전(流轉)하였다.

山形金鰲故로 稱鰲山하고 庵居四聖故로 以四聖으로 名之하
산 형 금 오 고　　　칭 오 산　　　　암 거 사 성 고　　　이 사 성　　　　명 지
고 又有禪石故로 亦名禪石庵하니라
　우 유 선 석 고　　　역 명 선 석 암
산의 모습이 금자라[금오(金鰲)]처럼 생겼기에 이름을 오산(鰲山)이라 하였고 암자에 네 분의 성인이 수도하였기에 사성(四聖)으로 이름하였으며, 또한 예로부터 선사(禪師)들께서 참선수도 하였다는 바위가 전해 오는 까닭으로 선석암(禪石庵)이라 부르기도 하였다.

련 문헌을 수합한 책. 1책. 목판본. 조선 중기 고승 해안(海眼)이 지었다. 1696년(숙종 22) 성총(性聰)이 발문을 쓰고 1697년 간행하였다. 서론에 창건설화와 중수기록, 연기조사(緣起祖師)가 인도에서 이곳으로 오게 된 경위와 창건. 자장(慈藏)의 중수사실 등을 밝히고 있다. 이어 의상(義湘)이 장륙전(丈六殿)을 건립한 유래와 도선(道詵)이 이곳에 총림대도량(叢林大道場)을 개설한 역사적 사실을 기록하고 있다. 화엄사는 고려 태조 때 중건한 뒤 4차의 대규모 중수가 있었으나 임진왜란 때 소실되었고, 그 뒤 인조 때 각성(覺性)의 중건과 2차례 중수가 있었다고 언급하였다. 이 책은 1969년 정만우(鄭曼宇)에 의해 수정·보완되어 현재 활자본으로 유통되고 있다.

주(註): 만실스님이 쓴 전남 구례군 문척면에 소재한 오산 사성암 사적에 산의 모습이 금자라[금오(金鰲)]처럼 생겼기 때문에 이름을 오산(鰲山)이라 하였다 하였으나, 만실스님이 금오(金鰲)라는 기록을 어디서 인용한 것인지 밝히지도 않았고, 이에 관하여 전하는 문헌도 없어 알 길이 없다.

다만 황룡사(黃龍寺, 현 구례군 논곡리)가 있었던 곡성군 고달면 가정마을에 "옛날 고려시대에 화엄사에서 계섬월(桂蟾月)이라는 선녀와 만월선사(滿月禪師)가 수도를 할 때 강물소리가 요란하므로 그 시끄러운 강물소리를 구례 문척면 금오산 밑으로 분류케 하여, 물소리를 없앴다는 뜻으로, 계섬월의 섬(蟾) 자와 나루 진(津) 자를 합하여 섬진강이라 하였다"는 이야기가 구전되는 것으로 보아 어느 때인지 알 수는 없지만, 오산을 금오산으로 불렀던 시절이 있었던 것으로 보인다.

왜 금오산(金鰲山)이라 하였는지, 그 연유를 문자와 산의 형세로 풀어 보면, 흙 속에서 금이 드러나듯 오랜 세월 흙이 흘러내려 바위로만 이루어진 골산(骨山)을 그렇게 부른 것으로 추측할 뿐이다.

이어지는 글에 "암자에 네 분의 성인(聖人)이 수도하였기에 사성(四聖)으로 이름하였다" 하였는데, 문헌상으로 사성암(四聖庵)이라 한 것은, 연담대사(蓮潭大師, 1720~1799)가 지은 사성암중창문(四聖庵重刱文)의 기록에 처음 나오는 이름이며, 경암대종사(鏡巖大宗師, 1743~1804)가 쓴 오산기(鰲山記)에 "화엄사기(華嚴寺記)에 의하면 원효대사·의상대사·도선국사, 이 세 분이 모두 이곳에서 수도하였다고 전하며, 진각국사가 수도하였으니, 사성(四聖)이라는 이름의 암자가 된 것은 이 때문이다" 하였으니, 이로 보아 혜철국사 이후 대대로 사성암을 관할하던 태안사가 918년 자신이 세워 474년을 이어 오던 고려(高麗)를 무너뜨린 조선왕조(朝鮮王朝)의 탄압으로 몰락한 어느 때 화엄사에서 도선사를 관할하면서 도선사의 역사를 화엄사 관점으로 해석하여 사성암으로 바꾼 것으로 보이지만, 사실의 여부를 떠나 원효대사와 의상대사가 오산에 머물렀다는 화엄사의 기록은 역사 속에서 고증할 수 없는 것으로 후대에 와전된 잘못된 것이다.

오늘날 부르고 있는 사성암은 한말까지 송광사 승려들이 관할하였다는 만실스님의 기록으로 보거나, 1918년 이능화(李能和)[3]가 쓴 조선불교통사(朝鮮佛敎通史)[4]를 보면, 일제 강점기 총독부 사찰령(寺刹令)[5]에 의한 본말사법(本末寺法)이 제정되어 전국의 사찰이 나뉠 당시 오산사(鰲山寺)라 하였으니, 이로 보아 1924년 11월 20일 총독부가 화엄사를 제31본사로 승격시킨 이후, 사성암의 관할과 주지 임면권(任免權)을 화엄사가 관장하면서, 이때 오산사를 사성암으로 환원한 것이며, 선석암(禪石庵)은 원감국사(圓鑑國師) 당시 원오국사(圓悟國師)가 참선을 목적으로 좌선암(坐禪岩) 아래, 즉 지금의 산신각 자리에 지은 암자

---

3) 이능화(李能和): 학자. 충청북도 괴산(槐山) 출생. 사학자(1869~1943). 자는 자현(子賢). 호는 간정(侃亭)·무능 거사(無能居士). 1910년 국권 강탈 후에 조선사 편찬 및 종교를 비롯한 민족 문화 각 분야에 걸친 연구에 뛰어난 업적을 남겼다. 저서에 ≪조선불교통사≫, ≪조선무속고(朝鮮巫俗考)≫, ≪조선기독교급외교사(朝鮮基督敎及外交史)≫, ≪조선도교사(朝鮮道敎史)≫ 따위가 있다.

4) 조선불교통사(朝鮮佛敎通史): 불교학자 이능화가 한국불교사를 집대성한 저술. 1918년 신문관에서 발간하였다. 한문 원본으로 전체 2,300쪽에 이르는 방대한 분량이며, 독창적 사관에 의한 저술이기보다는 자료집적인 성격을 갖고 있다

5) 사찰령(寺刹令): 일제가 한국불교를 억압하고 민족정신을 말살하기 위하여 제정·공포한 법령. 1911년 6월 3일 공포된 것으로 전문 7조와 부칙으로 되어 있으며, 같은 해 7월 8일 전문 8조로 된 시행규칙이 공포되었다. 내용은 다음과 같다. 첫째, 사찰의 병합·이전·폐사는 물론 사원 명칭의 변경도 총독의 허가를 받게 하였다. 둘째, 사찰의 기지(基址)와 가람은 지방장관의 허락을 받게 하여 사원이 항일독립운동의 거점이 되지 못하도록 하였다. 셋째, 본사와 말사와의 관계, 승규(僧規)·법식(法式) 등의 사법(寺法)을 별도로 제정하여 총독부의 허가를 받게 함으로써 사찰의 자주권을 박탈하였다. 넷째, 주지의 권한을 대폭 축소하였다. 그 밖에도 사찰의 재산권을 박탈하고, 필요한 사항은 조선총독이 정한다는 단서항을 둠으로써 본령(本令)에서 누락된 사항을 통제할 수 있는 근거를 마련하였다.

의 이름이며, 원감국사 문집에 그 기록이 있다.

高僧鏡岩記에 云하되 求禮西南突峰千仞[6]上에 有四聖庵하
고승 경 암 기   운   구 례 서 남 돌 봉 천 인   상   유 사 성 암

니 前後左右가 皆石壁數十丈[7]이라 道詵窟이 在庵後라
　 전 후 좌 우　 개 석 벽 수 십 장　　 도 선 굴　 재 암 후

고승(高僧) 경암기(鏡岩記)에 의하면 "구례 서남쪽 우뚝하게 솟은 천 길
산봉우리에 사성암이 있는데, 그 암자 앞뒤 좌우가 모두 수십 길이나 되는
바위로 이루어진 절벽으로 되어 있고, 도선국사께서 수도하시던 굴(窟 도
선굴)[8]이 암자 뒤에 있다" 하였다.

眞覺無衣子[9]가 嘗習定於此하며 每五更에 唱偈[10]하니 聲
진 각 무 의 자　　 상 습 정 어 차　　 매 오 경　 창 게　　　　 성

聞十里許에 畧不失時하야 以爲候晨이라고 月南碑에 云이라
문 십 리 허　 약 불 실 시　　 이 위 후 신　　 월 남 비　 운

진각국사께서 일찍이 이곳에서 선정을 닦으실 때 매일같이 오경(五更)[11]
에 큰 소리로 게송을 읊으시니, "그 목소리가 10리에 들렸으며, 조금도
시간을 어기지 않아 주변 사람들이 그 소리만 들리면 새벽이 된 줄을 알
았다고 한다"고 월남비(月南碑)[12]에서 전해지고 있다.

---

6) 인(仞): 높이를 재는 단위인 길이라는 뜻으로서 그 단위에 대해서는 여러 설로 갈리어 있으나
주대(周代)의 7척(尺)에 해당한다. 천인(千仞)은 천 길을 말함.

7) 장(丈): 1장은 10자(尺)이며 미터법의 3.03m에 해당한다. 중국 주(周)나라에서는 8척을 1장
이라 하고, 성년 남자의 키를 1장으로 보았다(당시의 1척은 지금의 1척보다 작았다). 사람의
키만 한 길이를 일장이라 한다.

8) 도선굴(道詵窟): 현 산신각(山神閣)에서 북쪽 화엄사(華嚴寺) 방향으로 뚫린 바위굴이 있는데
바로 그곳을 도선굴이라 한다.

9) 무의자(無衣子): 진각(眞覺國師)의 호.

10) 창게(唱偈): 게송을 소리 높이 읊는 것을 말함.

11) 오경(五更): 〈명사〉 하룻밤을 다섯으로 나눈 시간의 맨 끝의 부분. 대개 새벽 세 시부터 다섯
시 사이. 〈동의어〉 무야.

12) 월남비(月南碑): 전남 강진군 성전면 월남리 813 월남사지 진각국사비(月南寺址眞覺國師
碑)를 말함. 1963년 1월 21일 보물 제313호로 지정되었다. 높이는 3.58m, 폭은 2.3m이
다. 고려 중기에 진각국사에 의해 창건된 월남사 터에 절을 창건한 진각국사를 추모하기 위
해 1235년(고종 22)에 세웠는데 거북 받침돌 위에 비 몸을 올린 형태이다. 받침돌인 거북은
입에 구슬을 문 상태로 긴 목을 빼어 들고 네 발을 단단히 짚고 있는데, 그 모습이 매우 강
렬하고 사실적이다. 발톱에서 보이는 현실성이나 목과 머리조각의 세부표현 또한 전체적인
균형과 잘 어우러져 한층 돋보인다. 비 몸은 원래 매우 컸다고 하나 윗부분이 떨어져 나가고
아랫부분만 남아 있으며, 표면이 심하게 마모되어 비문은 잘 보이지 않는다. 비문은 당시의

주(註): 위 기록은 경암기(鏡岩記, 한국 불교전서 10책 441페이지)에 실려 있는 내용이다.

진각국사의 비문에는 지네를 뜻하는 오산(蜈山)으로 되어 있으나, 그것은 진각국사 당시 오산의 풍수를 그렇게 보았다는 뜻이거나, 아니면 비문을 쓴 이규보가 잘못 인용한 것으로 특별한 의미는 없다.

본래 풍수란 보는 사람에 따라 다르지만, 실제 오산의 형세가 구례역 방향에서 보면 강변 숲 속에 엎드려 있는 호랑이 또는 머리를 세우고 있는 지네와 비슷한데, 진각국사가 오산의 형세를 계족산(鷄足山)과 짝을 이루는 지네로 보았다 하여도 잘못된 것은 아니다.

월남사지진각국사비(月南寺址眞覺國師碑)

전라남도 강진군(康津郡) 성전면(城田面) 월남리(月南里)에 소재 1963년 1월 21일 보물 제313호로 지정되었다.

문장가인 이규보가 지었다.

　만일 처음 오산에서 선문염송(禪門拈頌)을 집필한 진각국사가 혜철국사가 도선국사에게 도참을 전하여 천하를 구한 오산을 닭의 먹이가 되는 지네로 보았다면, 그것은 계족산(鷄足山)을 비보(裨補)하기 위한 것으로, 가섭(迦葉)13)이 석가모니부처님의 마음, 즉 심법(心法)을 전해 받고, 미륵부처님이 오면 석가모니부처님이 부탁한 금란가사(金襴袈裟)를 전하고 열반에 들어갈 것이라는 삼처전심(三處傳心)14)의 하나인 계족산을 중심에 두고 비보하기 위한 것이었다고 볼 수 있다.

　무엇보다도 경암대사는 물론 원감국사를 비롯한 많은 역대 고승들이 진각국사와 오산의 관계는 분명한 사실로 기록하고 있으니, 비록 오산(蜈山)과 오산(鰲山)으로 글자는 달라도 같은 산이며, 틀림없는 오산의 역사다.

---

13) 가섭(迦葉): 석가모니 십대제자 중의 한 사람. 북인도 마가다국의 수도 왕사성(王舍城) 부근 출생. 십대제자 중에서도 대표적인 3인 중의 한 사람. 원명은 Mahā-Kassapa. 일명 대가섭(大迦葉) 또는 가섭이라고도 한다. 브라만 집안에서 태어나 결혼했으나, 부부가 함께 출가했다. 그 후 석가모니를 만나 그의 초기 제자가 되었고, 1주일 뒤 깨달음을 얻어 아라한(阿羅漢)이 되었다. 이때 자신의 새 가사(袈裟)를 석가모니에게 바치고 그의 낡은 가사를 받아 늘 착용하였다. 그는 두타행(頭陀行: 집착 없는 생활)을 계속 지켰으므로 '두타 제일'이라는 칭찬을 받았다. 석가모니의 대리 역할을 했고, 그가 사망한 후에는 후계자로 교단을 통괄, 석가모니의 가르침을 정리 통합한 경전편찬회 의장을 맡았다.

14) 삼처전심(三處傳心): 불교의 조사선(祖師禪)이 교외별전(敎外別傳) 되었다는 근거가 되는 설(說). 다자탑전분반좌(多子塔前分半座)·영산회상거염화(靈山會上擧拈花)·이련하반곽시쌍부(泥連河畔槨示雙趺)를 말한다. 첫째, 다자탑전분반좌는 ≪아함경(阿含經)≫, ≪중본기경(中本起經)≫의 대가섭품(大迦葉品)에 근거를 두고 있는데, 석가가 사위국 급고독원에서 대중을 위하여 설법할 때 마하가섭이 뒤늦게 당도하니 자신이 앉았던 자리 반을 나누어 앉으라 하며 널리 가섭의 덕을 찬양하였다는 것이다. 둘째, 영산회상거염화는 송(宋)나라 오명(悟明)이 편찬한 ≪전등회요(傳燈會要)≫에 근거를 둔 것으로, 정법안장(正法眼藏)과 열반묘심(涅槃妙心)을 마하가섭에게 부촉함을 말한다. 셋째, 이련하반곽시쌍부는 ≪대반열반경(大般涅槃經)≫ 다비품(茶毘品)에 근거한 것으로, 석가가 열반에 들어 입관된 뒤 멀리서 온 가섭존자가 이를 슬퍼하며 울자 석가가 두발을 관 밖으로 내놓으며 광명을 비추었다는 것이다. 선종에서는 이들 삼처전심을 교외별전의 유일한 근거라 하여 매우 중요시하였다. 조선시대의 청허(淸虛)는 ≪선가귀감(禪家龜鑑)≫에서 "세존이 삼처전심한 것이 선지(禪旨)가 되고, 일대소설이 교문(敎門)이 되었다"고 선언하였다. 또 ≪교외별전곡(敎外別傳曲)≫에도 "세존의 염화에 가섭이 미소", "삼처전심이 제1구"라는 표현이 있다.

華嚴寺記에 元曉 義湘 道詵이 皆居云하니라 元曉義湘道詵
眞覺四聖이 嘗習定於此하야 常向華嚴寺舍利塔하야 朝夕拜禮
故로 有拜石基하다

화엄사 기록에 의하면 원효대사·의상대사·도선국사가 모두 이곳에서 살
았으며, 원효대사·의상대사·도선국사·진각국사, 이 네 분 성인들께서
일찍이 여기에서 선정(禪定)을 익힐 때에는 늘 화엄사 사리탑을 향하여
아침저녁으로 예배를 드렸으며 그때 절을 하며 예불을 드리던 바위 터가
남아 있다” 하였다.

주(註): 결론부터 말하면 여기서 말하는 네 명의 성인 가운데 도선
국사와 진각국사는 오산 사성암에서 살았던 것은 사실이지만, 도선
국사가 살다 간 역사와 비문을 보고, 진각국사가 남긴 글을 보면, 이
들 두 사람이 화엄사 사리탑을 향하여 아침저녁으로 예불을 드렸다
는 것은, 화엄사가 자신의 권위를 내세우기 위한 상징일 뿐 사실이
아니며, 원효대사와 의상대사에 관한 이야기 역시 화엄사에서만 전
하는 것으로 믿을 수 없는 기록이다.

이 기록은 만실스님이 경암종사(鏡巖宗師, 1743~1804)가 쓴 “오산기
(鰲山記)”를 보고 인용한 것인데, 내가 잘못 보고 빠뜨린 것인지 알 수
는 없지만, 몇 번을 보고 또 보아도 임진왜란 당시 화재로 불타 버린
화엄사사적(華嚴寺事蹟)을 1636년(인조 14) 중관대사(中觀大師)가 다시 짓
고, 1697년 3월 간행하여 오늘에 전해지고 있는 화엄사사적에는 오
산사(鰲山寺), 즉 예나 지금이나 승속(僧俗)에서 부르는 ‘오산 절’로 되
어 있을 뿐 없는 내용이다.

따라서 화엄사사적이 간행된 1697년 이후 18세기 후반을 살다 간
경암대사(1743~1804)가 보았다는 화엄사기(華嚴寺記)는 화엄사사적이

아닌 화엄사에 전해 오는 별도의 기록으로 보아야 하며, 경암대사보다 앞선 연담대사(蓮潭大師, 1720~1799)의 "사성암중창문"이 전하는 것으로 보아 화엄사에 사성암의 연유를 전하는 별도의 기록이 있었던 것만은 사실인 듯하다.

아울러 화엄사의 기록 여부와 관계없이 만일 원효대사(617~686)와 의상대사(625~702)가 오산에서 살았다는 것을 사실로 믿는다면, 두 사람 나름대로 종교적인 이유가 있었다 할 수도 있겠으나, 가장 가능성이 큰 것은 660년 백제가 멸망한 이후 승전한 신라의 입장에서, 패망한 백제의 민심을 다독거릴 필요가 있었을 것이고, 이들 두 사람이 민심을 안정시킬 정치적인 목적으로 전국을 순회하였을 것이며, 그때 이곳 오산에 잠시 올라 기도했을 것으로 짐작될 뿐, 특별히 전하는 문헌이 없어 그 사실 여부를 확인할 방도는 없다.

그러나 당시 백제 유민(遺民)[15]들의 조직적인 저항으로 위기에 처한 신라가 당나라에 대규모 구원병을 청해야 했고, 당 고종(高宗)[16]이 구례를 예하(隸下)[17] 현(縣)으로 관할하던 지금의 전북 남원시에 대방도독부(帶方都督府)를 두고 유인궤(劉仁軌)[18]로 하여금 자사(刺史)[19]를 맡

---

15) 유민(遺民): 〈명사〉 없어진 나라의 남아 있는 백성. 〈동의어〉 여민.

16) 고종(高宗, 628~683): 중국 당(唐)나라의 제3대 황제(649~683). 태종의 제9남. 명(名)은 치(治). 어머니는 문덕황후(文德皇后) 장손씨(長孫氏). 4세 때 진왕(晉王)으로 봉해졌으며 16세 때 장자인 승건(承乾)이 반역죄로 밀려나자, 형들을 제치고 황태자가 되었고 태종이 죽자 22세로 즉위하였다. 즉위한 후 태종이 완성하지 못한 정복사업을 계속하여, 668년에는 고구려를 쳐서 안동도호부(安東都護府)를 두었으나, 신라가 통일되자 도호부를 후퇴시키지 않을 수 없었다. 한편, 밖으로는 돌궐·토번·거란의 활약이 활발해지고, 안으로는 총희(寵姬) 무씨(武氏 則天武后)가 신흥 세력을 배경으로 정권을 장악했다. 고종은 무씨의 폐출(廢黜)을 꾀했으나 실패하고, 실권 없는 허수아비로 생애를 마쳤다.

17) 예하(隸下): 〈명사〉 소속, 주장(主將)의 지휘 아래. 또는 그 아래 딸린 자. 【비】 휘하(麾下).

18) 유인궤(劉仁軌, ?~685): 중국 당(唐)나라 무장. 자는 정칙(正則). 허난성[河南省 (하남성)] 변주 출생. 660년 랴오둥원정[遼東遠征(요동원정)] 때 병졸로 종군한 이래 663년 백촌강(白村江)의 싸움과 백제 침공, 668년 고구려(高句麗), 674년 신라(新羅) 침공 등에서 전공

게 했었던 역사를 보면, 원효대사와 의상대사가 백제의 땅이었던 구
례 오산에서 살았다는 것은 매우 위험하고 사실상 불가능한 일로서
믿을 수 없는 기록이다.

다만 여기서 눈여겨볼 것은 오늘날 연기조사(緣起祖師)[20]가 차(茶)를 다
려 자신의 어머니에게 바치는 석상(石像)으로 일명 효대(孝臺)로 잘못 알
려진 국보 제35호 화엄사 사사자삼층석탑(四獅子三層石塔)[21]을 사리탑(舍
利塔)이라고 하였는데, 이는 사사자삼층석탑이 사사로운 연기조사의 어
머니가 아닌 부처님의 사리(舍利)[22]를 모신 탑이라는 화엄사 자신의 기
록이니, 이제라도 바로잡아 종지(宗旨)를 바로 세워야 할 것이다.

을 세웠다. 벼슬은 좌복야(左僕射) 겸 동중서문하삼품(同中書門下三品 : 宰相)에까지 이르
렀다. 시호는 문헌(文獻).

19) 자사(刺史) : ① 중국(中國)의 지방(地方) 관리(官吏). 한(漢)나라 때에는 민정과 군정(軍政)
의 장관(長官)을 겸했으며 수(隋)나라, 당(唐)나라 때에는 주지사였는데 송(宋)나라 이후(以
後)에 없었음. ② 고려(高麗) 때 외관(外官)의 하나. 성종(成宗) 14(995)년에 베풀었음.

20) 연기조사(緣起祖師) : 생몰연대 미상. 백제 또는 신라 중기 시대의 승려로 알려져 있으며, 인
도에서 온 승려라는 등 정확한 기록이 없다. 법호 또한 일반적으로는 연기(緣起)로 표기하고
있으나, '烟氣' 또는 '烟起'로도 쓰고 있으며, 전하는 말로는 그가 인도에서 연을 타고 와서
'鳶起'라고 한다. 구례 화엄사와 연곡사를 창건했다는 등 여러 사찰을 창건한 승려로 전설적
인 기록들이 사찰마다 전하는 것으로 보아 실존 인물임에는 틀림없지만 아무것도 확인된 것
이 없는 승려다. 구례 봉성지의 기록에서는 "도선국사의 별호라 한다" 하였다.

21) 화엄사 사사자삼층석탑(華嚴寺 四獅子三層石塔) : 전라남도 구례군(求禮郡) 마산면(馬山面)
황전리(黃田里) 화엄사에 있는 이형석탑(異型石塔). 높이 5.5m. 화강암 이중 기단 위에 3층
의 탑신을 얹은 석탑으로, 불국사다보탑과 함께 이형석탑의 쌍벽을 이룬다. 기단부는 지대석
위에 3단 굄대를 마련하여 하층기단을 받치고 있으며, 하층기단 각 면에 안상(眼象)을 음각
하고 그 안에 천인상(天人像)을 양각하였다. 상층기단은 우주(隅柱)를 대신하여 연화대 위에
꿇어앉은 암수 2쌍의 사자가 머리에 연화대를 이고 그 위의 갑석(甲石)을 받치고 있다. 중앙
에는 찰주(擦柱) 대신 대덕(大德)의 입상(立象)을 세웠으며, 갑석 아랫면 중앙에도 연화무늬
를 장식하여 천개(天蓋)로 삼았다. 탑신부는 옥신(屋身)과 옥개석(屋蓋石)이 층마다 1석(石)
씩으로 되어 있고, 1층 탑신 4면에 문비형(門扉形)을 모각하고 인왕상(仁王像)과 사천왕상
(四天王像)·보살상(菩薩像) 등을 양각하였다. 2·3층은 우주형이 모각되었을 뿐 장식이 없
으며 옥개석 받침은 층마다 5단으로 이루어졌다. 상륜부(相輪部)에는 머리장식의 받침돌인
노반(露盤)과 엎어 놓은 그릇 모양의 복발(覆鉢)이 남아 있다. 국보 제35호.

22) 사리(舍利, 범, Śarīra) : 〈명사〉 ≪불교≫ ① 부처나 도승의 화장된 유골. 오늘날에는 화장
한 뒤에 나오는 작은 구슬 모양의 것만을 가리킨다. 〈참고〉 불사리. ② 법신의 자취로서의
불경.

元曉嘗居에 母憎江聲之鬧鬧하야 告枚元曉하니 元曉가 爲其
원효상거　모증강성지요요　　　고매원효　　　원효　　위기

母하야 變江聲爲潺流故로 後人稱潺水한데 今亦傳之라
모　　변강성위잔류고　　후인칭잔수　　　금역전지

일찍이 원효대사께서 사성암에서 살고 있을 때 시끄러운 강물소리에 번민
하던 그 어머니가 원효대사께 물소리를 조용하게 하여 달라고 청을 하자,
원효대사께서 그 어머니를 위하여 시끄러운 강물소리를 잔잔하게 흐르도
록 하였으므로, 후세 사람들이 잔수(潺水)라 불렀는데, 이 또한 오늘날까
지 그대로 전해지고 있다.

　주(註): 강물이 졸졸 흐른다는 '잔수강(潺水江)'은 알기 쉽게 설명하
면, 구례역 앞 섬진강 다리에서 경남 하동 화개(花開)까지의 섬진강을
불렀던 옛 이름이지만, 원효대사와 그 어머니에 관한 전설은 660년
백제의 멸망과 함께 역사가 멸실되고, 모든 것이 승자인 신라의 사
관(史觀)으로 변해 버린 3백 년을 살아오면서, 살아남기 위해 만들어
진 말 그대로 전설일 뿐 사실이 아니다.

　가만히 역사를 돌이켜 보면, 나당(羅唐) 연합군에 의해 백제가 멸망
하고 유민들이 저항하여 아무것도 장담할 수 없었던 혼란한 전란의
시국에 그것도 최소한 40대 후반인 원효대사가 적국인 백제의 땅 구
례 오산에서 늙은 어머니를 모시고 살았다는 것은 말 그대로 전설일
뿐이다.

　앞서 설명했듯이 조선 말기까지 남원부 고달방에 속하였으며, 황
룡사(黃龍寺)가 있었던 곡성군 고달면 가정 마을에 전해 오는 섬진강
의 명칭에 관한 전설을 보면 "옛날 고려시대에 화엄사에서 계섬월(桂
蟾月)이라는 선녀와 만월선사(滿月禪師)가 수도를 할 때 강물소리가 요
란하므로 그 시끄러운 강물소리를 구례 문척면 금오산 밑으로 분류
케 하여, 물소리를 없앴다는 뜻으로, 계섬월의 섬(蟾)자와 나루진(津)

자를 합하여 섬진강이라 하였다"고 전해 오는데, 아마도 조선시대에 이 전설이 원효대사와 그 어머니의 이야기로 바뀐 것으로 보인다.

다음의 시는 김종직(金宗直, 1431~1492)[23]이 잔수진 언덕에 있는 잔수역에서 하룻밤 유숙하며 지은 것인데, 잔수강의 여울소리가 잘 표현되어 있어 여기에 소개하니 비교 감상하여 보기 바란다.

八月十日宿潺水驛
팔 월 십 일 숙 잔 수 역

팔월 십일 잔수역에서 유숙하면서

潺水津頭潺水驛
잔 수 진 두 잔 수 역

잔수진 머리에 있는 잔수역에서

皇華[24]一夜倚匡牀
황 화   일 야 의 광 상

임금의 사신(使臣)이 하룻밤을 유숙(留宿)하는데

半庭微月無人影
반 정 미 월 무 인 영

반달이 비친 뜰에 사람이라고는 그림자도 없고

閑聽風灘抑更揚
한 청 풍 탄 억 갱 양

한가로이 커졌다 작았다 하는 여울의 바람소리만 들리네.

〈점필재집 시집에서 발췌〉

---

23) 김종직[金宗直, 1431~1492(세종 13~성종…)]: 조선 전기 문신. 자는 효관·계온, 호는 점필재. 본관은 선산(善山). 고려 말 정몽주(鄭夢周)·길재(吉再)의 학풍을 이은 아버지로부터 수학, 후일 사림의 조종(祖宗)으로 문장·사학(史學)에도 두루 능하였으며, 절의를 중요시하여 도학(道學)의 정맥을 이어 가는 중추적인 역할을 하였다. 도학사상은 제자인 김굉필(金宏弼)·정여창(鄭汝昌)·유호인(俞好仁) 등에 영향을 주었으며, 특히 김굉필은 조광조(趙光祖)를 배출시켜 학통을 그대로 계승시켰다. 사림학자들이 훈척계열(勳戚系列)의 비리와 비도를 비판하고 나서자, 중국 고사를 인용하여 의제와 단종을 비유하면서 세조의 왕위찬탈을 비난한 〈조의제문(弔義帝文)〉을 구실 삼아 훈척계열인 유자광(柳子光), 정문형(鄭文炯) 등이 1449년(연산군 4) 무오사화를 일으켜 많은 사람들이 죽거나 귀양을 가게 되었고, 그도 부관참시(剖棺斬屍)를 당하였다. 저서로는 ≪점필재집≫, ≪청구풍아(靑丘風雅)≫, ≪당후일기(堂後日記)≫ 등이 있으며, 편저로 ≪일선지(一善誌)≫, ≪동국여지승람(東國輿地勝覽)≫ 등이 있다. 시호는 문충(文忠).

24) 황화(皇華): (1) 황제의 위덕(威德). 皇威(황위). (2) 황제의 사신(使臣). 勅使(칙사).

興地勝覽에 云山頂에 有一巖하야 有空隙하니 深不可測이라
여 지 승 람　　운 산 정　　유 일 암　　　유 공 극　　　심 불 가 측

동국여지승람(東國輿地勝覽)25)에 이르기를 "산꼭대기에 바위 하나가 있
고, 빈 구멍이 있는데 그 깊이가 얼마인지 알 길이 없다" 하였다.

주(註): 위 기록은 사성암사적과 화엄사사적 그리고 동국여지승람
남원도호부편에만 있는 것으로, 옥룡사 비문에는 없는 내용이다.

바위굴이 있었던 관음전(중앙 건물)

오산 바위봉우리 중간쯤 동편 암벽에 모신 약사여래(사진 왼쪽건물)와 수평선상에 있는 지금의 관음전 후
면에 깊이를 알 수 없는 작은 구멍이 있었다고 한다.

빈 구멍에 관한 기록은 최근에 벌어진 대규모 공사로 옛 모습이
훼손되어 확인할 수는 없었지만, 최근 사성암을 중건할 당시 길을

---

25) 동국여지승람(新增東國輿地勝覽): 1530년(중종 25) 중종의 명에 의해 이행(李荇)·윤은보
(尹殷輔)·신공제(申公濟) 등이 펴낸 관찬지리서. 1477년(성종 8)에 펴낸 ≪팔도지리지≫에,
≪동문선≫에 실린 동국문사(東國文士)의 시문을 첨가하고, 체제는 남송(南宋) 축목(祝穆)의
≪방여승람(方輿勝覽)≫과 명(明)나라의 ≪대명일통지(大明一統志)≫를 참고하여 1481년
에 ≪동국여지승람≫ 50권이 완성되었다. 1486년 이를 다시 수정, 55권으로 간행하였고,
이후 연산군 때 개수를 거쳐 1530년 증보하여 ≪신증동국여지승람≫이 완성되었다.

내고 돌을 쌓아 터를 다지는 등 기초공사를 책임 맡았던 불조(佛祖)에 대한 신심(信心)이 깊은 조휴봉(趙休鳳) 선생의 증언에 의하면, 사성암은 본래 지금의 관음전(觀音殿) 자리로 돌아가는 길이 있었고, 작은 돌로 촘촘히 쌓은 본당의 석축은 예전에 김경여 보살이 봉서리 산정마을 벙어리 손 씨(孫氏)를 시켜 쌓은 것이며, 본당 우측 커다란 바위 아래, 즉 바위봉우리 중간쯤 동편 암벽에 모신 약사여래와 수평선상에 있는 지금의 관음전 후면에 깊이를 알 수 없는 작은 구멍이 있었다고 한다.

얼마나 깊은지 작은 돌을 던져 보니, 수십 미터를 굴러가는 소리만 들릴 뿐 바닥에 닿는 소리를 듣지 못했다는 조 선생의 증언으로 보아 깊이를 알 수 없는 구멍이 있었던 것이 사실인데, 사성암의 상징인 이 바위 구멍이 매립된 이유가 어처구니없게도 당시 일을 관할하던 승려의 탐욕 때문이었다고 전한다.

사성암에서 대규모 공사를 일으킨 승려가 예로부터 이 구멍이 있는 자리가 사성암의 핵심으로 최고의 명당인데 안타깝게도 사람이 거처하면 패가망신(敗家亡身)한다는 이야기를 듣고 자신이 평생을 거처할 욕심으로 건물을 짓고 관음전이라는 현판을 걸었다 하는데, 이는 자궁(子宮) 밖 사람의 자식으로 태어난 승려가 스스로를 사람이 아닌 관세음보살(觀世音菩薩)26)로 자위(自慰)하고 사칭(詐稱)한 것으로 혹세

---

26) 관세음보살(觀世音菩薩): 자비를 덕으로 삼고 가장 널리 믿어지고 있는 보살. 관음·관자재(觀自在)·광세음(光世音)·관세자재(觀世自在)·관세음자재(觀世音自在)라고도 한다. ≪무량수경(無量壽經)≫을 보면, 이 보살은 '극락정토(極樂淨土)'에서 아미타불(阿彌陀佛)의 협시(脇侍)로서 부처의 교화를 돕고 있는데 단독으로도 신앙의 대상이 되어 중생이 괴로울 때 그 이름을 외면 그 음성을 듣고 곧 구제한다고 한다. 관세음은 세간의 음성을 관(觀)한다는 뜻이고, 관자재라 함은 지혜로 관조(觀照)하므로 자재한 묘과(妙果)를 얻는다는 뜻이다. 또 중생에게 온갖 두려움이 없는 무외심(無畏心)을 베푼다는 뜻으로 시무외자(施無畏者)라 하고, 자비를 위주로 하므로 대비성자(大悲聖者)라 부르며, 세상을 구제하므로 구세대사(救世大士)라고도 한다.

무민(惑世誣民)27)의 전형이며, 어리석은 인간의 탐욕이었다.

필자가 당시(2000~2001년) 직접 구멍을 덮고 관음전의 터를 만든 조 선생에게 사성암의 상징인 구멍의 복원이 가능한지를 물어보니, 관음전은 지금도 암자의 주지가 침실로 사용하고 있으며, 지금이라도 승려들이 욕심을 버리고 복원할 의지만 있다면 얼마든지 가능하다고 하는데, 더 늦기 전에, 즉 매립한 당사자가 살아 있을 때, 당사자를 불러 복원하고 건물은 현판 그대로 사람이 아닌 관세음보살을 모시는 것이 역사를 증명하고 이어 가는 길이다.

그동안 이 사성암을 지켜본 조 선생의 증언에 의하면, 이 구멍을 덮고 터를 만든 후부터 자신은 일을 맡은 사성암에서 추락하는 등 죽을 고비를 몇 번을 넘겼으며, 그동안 사성암을 훼손하는 데 관여한 승려들과 공직자들은 모두 현직에서 쫓겨나거나 교도소에 가는 등 패가망신(敗家亡身)하였고, 이 관음전을 거처로 쓴 승려들은 반드시 불행한 일을 당한다고 하는데, 이는 신령(神靈)의 영험함이 살아 있음을 증명하고 있는 것이므로, 더 늦기 전에 하루속히 구멍을 복원하고, 건물은 신에게 약속한 그대로 관세음보살을 모시는 것이, 당장은 끝없이 이어지고 있는 신의 저주로부터 승려 자신들을 구하는 길이고, 항차는 재앙으로부터 사성암을 구하고 중생을 안락하게 하는 방

이 보살이 세상을 교화함에는 중생의 근기에 맞추어 여러 가지 형체로 나타난다. 이를 보문시현(普門示現)이라 하는데, 33신(身)이 있다. 왼손에 연꽃을 들고 있는데 이 꽃은 중생이 원래 갖추고 있는 불성(佛性)을 나타내며, 그 꽃이 핀 것은 불성이 드러나 성불(成佛)한 것을 뜻하고, 그 봉오리는 불성이 번뇌에 물들지 않고 장차 필 것을 나타낸다. 그 형상을 달리함에 따라 육도(六道)의 중생을 제도하는 성관음(聖觀音)·천수(千手)관음·마두(馬頭)관음·십일면(十一面)관음·준지관음·여의륜(如意輪)관음 등 6관음으로 나뉘는데, 그중 성관음이 본신이고 그 밖의 것은 보문시현의 변화신이다.

27) 혹세무민(惑世誣民): 〈명사〉 세상을 어지럽히고 사람들의 판단을 흐리게 하여 속임. 혹세무민-하다.

법이며 사성암을 길이 빛내는 정도일 것이다.

俗傳에 道詵이 嘗住此山하야 畫天下地理하니라.
속 전　도 선　상 주 차 산　　화 천 하 지 리

세상에 전하는 이야기에 의하면 "도선국사께서 일찍이 이 산에 살면서 천하의 지리를 그렸다" 한다.

주(註): 사성암이 도선국사가 천하의 지리, 즉 풍수지리를 깨치고 완성한 역사의 현장이라는 기록은 화엄사와 구례군 마산면 사도리(沙道里)에 전해 오는 도선국사에 관한 전설이 허구라는 증명이다.

다음은 이에 관한 옥룡사본과 화엄사본의 기록이다.

두 본을 비교하여 보면, 화엄사가 도선국사 비문을 어떻게 왜곡시켰으며, 그로 인하여 역사의 진실이 어떻게 굴절(屈折)되어 버렸는지 잘 보여 주고 있다.

其地在今求禮縣界 土人稱爲 沙圖村云
기 지 재 금 구 례 현 계　토 인 칭 위　사 도 촌 운

그 땅은 지금 구례현계(求禮縣界)에 있는데 그 지방 사람들이 사도촌이라고 한다.

〈옥룡사 도선국사 비문에서 발췌: 동문선본도 이와 같다.〉

其地在今求禮縣 華嚴寺之下 師夜宿華嚴 晝見沙勢 日日謄書
기 지 재 금 구 례 현　화 엄 사 지 하　사 야 숙 화 엄　주 견 사 세　일 일 등 서

秘錄 土人稱爲沙島村云
비 록　토 인 칭 위 사 도 촌 운

그 땅은 지금 구례현 화엄사 아래 있는데 스님은 밤이면 화엄사에서 자고 낮이면 모래의 형세를 보아 날마다 책에다 몰래 옮겨서 기록하곤 하여 토지(土旨, 현 구례군 토지면) 사람들은 사도촌(沙島村)이라고 부른다.

〈화엄사사적에서 발췌〉

위 화엄사사적에 병기된 도선국사 비문은, 진본인 옥룡사본은 물론 필사본인 동문선본에도 없는 내용을 완전히 날조 왜곡한 것이다.

더욱 놀라운 사실은 처음에는 오산 사성암의 내력을 동국여지승람과 똑같이 써 내려가다가, 최유청이 쓴 옥룡사 비문이라고 밝히면서, 비문에 사도촌의 위치를 구례현계(求禮縣界)라고 하였음에도, 과거부터 현재까지 구례현의 중심에 자리하고 있어, 현(縣)의 관아에서 동쪽으로 눈만 뜨면 보이는 화엄사라고 하면서, 옥룡사 비문의 구례현계(求禮縣界)에서 계(界) 자를 삭제하여 버리고, 그 자리에다가 "화엄사지하(華嚴寺之下) 사야숙화엄(師夜宿華嚴) 주견사세(晝見沙勢) 일일등시비록(日日謄書秘錄)"이라는 20자를 가필(加筆)하여, 내용을 화엄사에서 있었던 일로 날조하여 역사의 진실을 바꾸어 놓았으며, 또한 비문의 사도촌(沙圖村)에서 그림 도(圖)를 섬 도(島)로 바꾸어 놓고, 모래 위에 그림을 그렸다고 이야기하는 것은, 화엄사가 도선국사의 역사를 어떻게 날조 왜곡시켰는지 잘 보여 주는 대목이다.

비문에서 말하는 구례현계(求禮縣界)는 그 뜻을 풀어 보면, 일반적으로 구례현의 경계를 뜻하는 말이지만, 구례현의 관내일 수도 있고 또는 그 바깥인 구례와 접한 가까운 인근(隣近) 이웃이라는 뜻도 되지만, 모든 것을 화엄사의 주장대로 인정하고, 도선국사 비문에서 말하는 남해정변(南海汀邊)을 일반적인 해석 그대로 남해(南海) 바닷가로 보면, 오산의 북쪽이며 구례의 중심인 화엄사 입구 산골마을을 구례의 경계이며 남해 바닷가라고 하는 것은, 옛날이나 지금이나 이해할 수 없는 황당한 이야기다.

더욱 기막힌 것은 화엄사사적에 병기한 암자의 기록을 보면, "화엄사 남쪽 15리 오산에 절이 있는데 일찍이 도선국사가 머무르며 천

하의 지리를 통달하였다는 곳이다” 하여, 오산은 화엄사 남쪽에 있
고, 도선국사가 천하의 지리를 통한 곳이라고 분명하게 적고 있다는
사실이다.

알기 쉽게 표현하면 화엄사사적에서 말하는 사도촌(沙圖村)은 오산
에서 북쪽 방향으로 치우쳐 있는데, 화엄사 정남쪽인 오산에서 신인
(神人)이 도선국사에게 남해(南海)로 오라고 하였음에도, 정반대 방향
인 북쪽 지리산 골짜기 화엄사 입구를 남해라고 한 것은, 앞뒤가 맞
지 않는다는 말이다.

한마디로 화엄사사적에 도선국사와 신인이 만나 역사를 이룬 오
산을 화엄사 남쪽에 있다고 해 놓고, 신인이 도선국사에게 오라고
한 오산의 남쪽을 북쪽에 있는 화엄사 입구라고 한 것은, 화엄사사
적이 그만큼 날조 왜곡되었음을 말하는 것이며, 오산과 도선국사는
처음부터 화엄사와 아무런 관련이 없다는 것을 확인하여 주는 동시
에 마산면 사도리(沙道里)에 전해지는 도선국사의 이야기 또한 아무런
관련이 없는 조작된 이야기라는 역사의 기록이다.

보다 자세한 것은 필자의 저서 “동리산 사문비보(2009년 1월 도서출
판 박이정 간행) 사도촌(沙圖村)은 태안사다”를 참고하기 바란다.

다음은 이해를 돕기 위해 화엄사사적에서 발췌한 오산에 관한 기
록이니 참고하여 보기를 바란다.

求禮縣 鰲山頂 有一巖 巖有空隙 深不可測 師嘗住 此山 畫天.
구 례 현　오 산 정　유 일 암　암 유 공 극　심 불 가 측　사 상 주　차 산　화 천

下地理
하 지 리

"구례현 오산 정상에 바위 하나가 있고, 그 바위에 빈 구멍이 있는데 그
깊이가 얼마인지 알 길이 없다. 도선국사께서 일찍이 이 산 암자에 살면서
천하의 지리를 그렸다" 한다.
　－ 중간 생략 －
南十五里 鰲山寺 道詵嘗居 此通天下地理云
남 십 오 리　오 산 사　도 선 상 거　차 통 천 하 지 리 운
화엄사 남쪽 15리 오산에 절이 있는데, 일찍이 도선국사께서 살면서 천하
의 지리를 통달했다 한다.

〈화엄사사적에서 발췌〉

　여기서 밝혀 둘 것은 본문대로 직역하면 명사(名詞)인 '오산사(鰲山
寺)'로 해석하는 것이 맞지만, 필자가 수식어인 '오산의 절'로 해석한
것은, 화엄사사적에 사성암(四聖庵)을 다른 이름으로 개명하였다는 기
록이 없고, 지금도 화엄사 승려들은 물론 구례 주민들은 사성암을
'오산 절'로 통용하여 부르고 있음으로 '오산의 절'로 해석한 것이다.

　기록을 살펴보면 1700년대 중반 작성된 연담대사(蓮潭大師, 1720~1799)
의 "사성암 중창문"이 있고, 경암대종사(鏡巖大宗師, 1743~1804)가 쓴 오
산기(鰲山記)에 사성암(四聖庵)이라 하였으며, 그 연유를 "화엄사기(華嚴
寺記)"에 의한 것이라고 밝혔으니, 중관대사(中觀大師, 1567~?) 가 화엄
사사적을 지은 1636년(인조 14) 당시 화엄사에서 오산의 절을 부르는
공식 명칭은 사성암이었다고 할 수 있다.

　사실이 이러함에도 화엄사사적을 지으면서 공식 명칭인 사성암을
쓰지 않고 오산사라 한 것은, 늘 입에 익은 '오산의 절'이라는 일반
적인 통칭을 편하게 인용한 것일 뿐, 특별한 의미가 없는 연유로 '오
산의 절'로 해석한 것이다.

　만일 정말로 사성암이 오산사(鰲山寺)로 개명(改名)되었다면, 사(寺)와

암(庵)은 그 격이 다르므로 화엄사사적을 찬술하던 1636년 동시대를 살았던 소요당(逍遙堂) 태능대사(太能大師, 1562~1649)[28]의 법맥을 이은 침굉대사(枕肱大師, 1616~1684)의 침굉집(枕肱集)에 '오산암(鰲山庵)'이라고 하였으니, 당연히 오산암(鰲山庵)이라 해야 했음에도 불구하고, 굳이 관할하는 다른 암자들은 모두 암(庵)으로 기록하면서, 유독 산봉우리 바위를 의지한 보잘것없는 암자를 큰 절을 뜻하는 사(寺), 즉 오산사(鰲山寺)라 한 것은, '오산의 절'이라는 사성암의 일반적인 호칭을 편하게 쓴 것이다.

龍城誌에 云하되 僧義湘이 以指爪甲으로 繪刻觀世音菩薩像
용 성 지　　운　　　　승 의 상　　이 지 조 갑　　　　회 각 관 세 음 보 살 상

于鰲山東石壁이라하다.
우 오 산 동 석 벽

용성지(龍城誌)[29]에 의하면 "의상대사께서 오산 동쪽 석벽(石壁)에다 손톱으로 관세음보살님의 상을 새기고 아름답게 색칠을 하였다"고 하였다.

---

28) 태능대사[太能大師, 1562~1649(명종 17~인조 27)]: 조선시대 승려. 속성은 오씨(吳氏), 호는 소요. 전라남도 담양(潭陽) 출생. 어려서부터 자비심이 많아 성동(聖童)이라 불렸으며 13세 때 백양사(白羊寺)에 출가, 15세 때 진대사(眞大師)로부터 계(戒)를 받았다. 부휴대사(浮休大師) 밑에서 경률(經律)의 뜻을 익히고 휴정(休靜)에게서 선지(禪旨)를 깨쳤다. 30세 되던 해 임진왜란이 일어나자 승군(僧軍)에 가담하였으며, 1624년(인조 2) 조정에서 남한산성을 축조할 때 그에게 서성(西城)을 보완하게 하여 이를 완수하였다. 선(禪)과 교(敎)를 일원이류(一源異流)로 보는 전통적 견해를 취한 사상과 경향은 휴정과 일맥상통한다. 소요문파의 개조(開祖)이며 현변(懸辯)·계우(繼愚)·경열(敬悅) 등을 비롯한 수백 명의 제자들이 있다. 연곡사(燕谷寺)·금산사(金山寺)·보개산(寶蓋山) 등에 비(碑)가 있으며, 저서로 ≪소요당집(逍遙堂集)≫이 있다. 시호는 혜감선사(慧鑑禪師).

29) 용성지(龍城誌): 1699년(숙종 25)에 이도(李燾)·최여천(崔與天) 등이 편찬한 것을 1752년(영조 28)에 보유(補遺)를 붙여 간행한 전라도 남원의 읍지. 11권 2책. 목판본. 책머리에 최시옹(崔是翁)의 서문이 있다. 읍지의 항목마다 구지(舊志)와 신증(新增)을 구분했는데, '구지'라 기록한 부분은 〈신증동국여지승람〉의 내용과 동일하고 그 이후 새로 추가된 항목을 '신증'이라 표시했다. 이는 〈신증동국여지승람〉을 보완하고자 전국에 읍지를 편찬하여 상송하라는 중앙의 명령에 따라 이 읍지의 편찬이 시작되었기 때문이다. 총 59개 항목으로 구성된 용성지는 17세기 말의 남원지방의 향촌사회의 실정을 생생하고 풍부하게 전해 주는 종합적인 자료로서 귀중한 의의를 지니고 있다. 1989년 한국인문과학원에서 영인한 〈조선시대 사찬읍지(朝鮮時代私撰邑誌)〉 제25권에 수록되어 있다. 국립중앙도서관에 소장되어 있다.

주(註): 필자가 확인한 바에 의하면, 위 기록은 현재 전하는 남원 용성지 숙종본(肅宗本)과 신본(新本)인 영조본(英祖本)에는 없는 내용으로 용성지를 간행할 당시 자료를 채집한 사람이 신라 말기 혜철국사가 도탄에 빠진 세상을 구할 목적으로 조성한 약사여래를 잘못 해석한 것이거나, 사성암사적을 쓴 만실스님의 착오다.

1699년 겨울(숙종 25) 새로 발간한 용성지의 기록에 남원도호부 관할에서 제외된 구례현의 모든 기록들을 삭제했다는 기록으로 보아 만실스님이 삭제된 구본(舊本)을 인용한 것으로 보이지만, 당시 남원도호부의 기록을 그대로 받아썼을 동국여지승람 남원도호부 기록에 "오산(鼇山)은 유곡(楡谷 구례) 남쪽 15리에 있다. 꼭대기에는 바위가 하나 있고 바위에는 빈틈이 있는데 그 깊이를 헤아릴 수 없이 깊다. 전하는 말에 의하면 도선국사께서 일찍이 이 산에 살면서 천하의 지리(地理)를 그렸다" 하였으니, 만실스님이 구본을 정확히 보고 인용한 것인지, 아니면 세간에 떠도는 소문을 기술한 것인지, 사실 여부를 확인할 방도는 없다.

다음은 1699년 겨울 남원 용성지를 새로 발간하면서 삭제하여 버렸다는 구례에 관한 기록으로 보이는 1499년(연산군 5) 개정한 동국여지승람 남원도호부에서 발췌한 구례에 관한 기록이다.

鼇山: 在楡谷 南十五里 山頂有一巖 有空隙 深不可測
오산　재유곡 남십오리 산정유일암 유공극 심불가측

俗傳 僧道詵 嘗住此山 畫天下地理.
속전 승도선 상주차산 화천하지리

오산(鼇山): 유곡(楡谷 구례) 남쪽 15리에 있다. 꼭대기에는 바위가 하나 있고 바위에는 빈틈이 있는데 그 깊이를 헤아릴 수 없이 깊다. 전하는 말에 의하면 "도선국사께서 일찍이 이 산에 살면서 천하의 지리를 그렸다"

한다.

〈동국여지승람 남원도호부에서 발췌〉

위 1499년(연산군 5) 개정 당시 남원도호부에서 채집 보고한 것을 수록한 동국여지승람 남원도호부의 기록에서 보듯이, 의상대사가 동쪽 암벽에 손톱으로 관세음보살님을 조성했다는 만실스님이 말한 용성지의 기록은 사실이 아니며, 구례 봉성지에도 없고 여타 조사스님들의 문집(文集)에도 없는 것으로 만실스님의 착오이거나, 사적인 견해가 반영된 잘못된 기록이다.

무엇보다도 만실스님이 어떤 문헌을 보았는지 알 수는 없지만, 승려라면 누구나 아는 약사여래를 관세음보살이라고 그대로 기술해 놓은 것은, 사적을 정리하면서 자료와 현장을 다시 확인하지 않았거나, 불상에 관한 지식이 없었음을 말하는 것으로 잘못된 것이다.

그러나 동국여지승람에서 구례를 유곡부곡(楡谷部曲)이라 한 것은, 1498년(연산 4) 10월 구례의 백성 배목인(裵目仁)·문빈(文彬) 등이 참언(讖言)을 조작하고 무리들을 끌어모아 반역을 꾀하였다가 형벌을 받아 죽임을 당한 일이 있었기 때문에 이해 11월 연산군(燕山君)30)이 구례현을 폐하여 부곡(部曲)31)으로 강호(降號),32) 즉 격하하여 남원으로

---

30) 연산군[燕山君, 1476~1506(성종 7~중종…)]: 조선 제10대 왕(1494~1506). 이름은 융(隆). 재위 중 무오·갑자사화를 일으켜 사림파를 비롯한 문신들을 대거 처형하고 언관(言官) 제도를 크게 축소했으며, 당시 사대부들의 윤리관에 어긋나는 행동을 거듭하다가 중종반정(中宗反正)으로 폐위. 군(君)으로 강봉되어 강화(江華) 교동(喬桐)에 유배되어 죽었다. 조선왕조의 대표적인 폭군으로 손꼽힌다.

31) 부곡(部曲): 〈명사〉① 신라 때부터 고려 말까지 있었던 특수한 말단 지방행정구역. 삼국 통일 뒤 지방행정구역을 정비할 때 인구가 적어서 현에 미치지 못한 지역을 '향' 또는 '부곡'이라 하여 현에 딸리게 했는데, 그 주민을 특수 천민 집단으로 단정하기도 했으나 씨족이나 부족의 집단이었던 것으로 보기도 한다. 〈참고〉소(所). 향(鄕).

32) 강호(降號): 강기읍호(降其邑號)의 준말. [역사] 부(府), 목(牧), 군(郡), 현(縣) 따위의 읍호를 한 등급 낮추던 일. 삼강오륜 따위와 관련된 죄인이 나왔을 때에 그 고을의 읍호를 한 등급

내속시켰던 것을 1507년(중종 2) 반정에 성공한 중종(中宗)이 구례현으로 환원시켰으니, 구례를 유곡부곡(楡谷部曲)으로 기록한 동국여지승람의 오산(鼇山)에 관한 기록은 1499년(연산군 5) 동국여지승람 개정 당시의 기록이 확실하다.

鳳城誌에 云하되 道詵이 甌嶺에서 相逢한 神人을 繪刻于鼇
봉 성 지   운   도 선   구 령   상 봉   신 인   회 각 우 오
山東石壁이라 하다.
산 동 석 벽

구례 봉성지(鳳城誌)33)에 이르기를 "도선국사께서 구령(甌嶺)에서 상봉한 신인을 그려 새겼는데 오산 동쪽 석벽에 있다" 하였다.

주(註): 봉성지에서 암벽에 새긴 대상이 신인(神人)이었다 한 것은, 봉성지와 다른 내용으로 사적을 쓴 만실스님의 착오다.

오산 봉우리 암벽에 음각된 약사여래는 혜철국사가 도탄에 빠진 세상을 구할 비원으로 도선국사와 함께 조성한 것이며 왕건의 상징이다.

그러나 여기서 눈여겨볼 것은 회각(繪刻)이라는 의미인데, 이는 지금 사성암 암벽에 음각된 약사여래를 비단에 그린 탱화처럼 아름답게 채색을 하였다는 기록이다.

침굉대사의 침굉집(枕肱集) "등오산유도선고적(登鼇山有道詵古跡) 오산 도선사 옛터에 올라서"라는 제하의 시에 "석정의연(石幀依然) 바위의 탱화(幀畵)34)는 예전 그대로다" 하였으니, 처음 오산 봉우리 암벽에 약사

낮추었다.

33) 봉성지(鳳城誌): 전남 구례군의 읍지(邑誌). 필사본. 1책. 장서각 소장. 작성 연대가 분명치 않으나, 내용으로 보아 정조(正祖) 이후의 편찬으로 보인다. 건치연혁(建置沿革)·진관(鎭管)·읍명(邑名)·강계(彊界) 등을 비롯한 여러 항목으로 나누어 서술하였으며, 부록으로 곡성현(谷城縣)·진산군(珍山郡) 및 부안현(扶安縣)의 읍지를 싣고 책머리에는 채색지도를 붙였다.

여래를 새기고 아름답게 채색하였다는 기록으로 보는 것이 옳다.

다음은 이에 관한 구례 봉성지의 기록이다.

僧道詵 嘗住此山 畵東國山川而 刻其像扵石壁 俗稱影子堂
승 도 선 상 주 차 산 화 동 국 산 천 이 각 기 상 골 석 벽 속 칭 영 자 당

도선국사께서 일찍이 이 산에 살면서 동국의 산천을 그렸으며, 부처님을
석벽(石壁)에 새겼는데 속칭 영자당(影子堂)이라고 한다.

〈봉성지에서 발췌〉

봉성지의 기록을 보면, 만실스님이 인용한 사성암사적과는 다르다.

그러나 부처님을 석벽(石壁)에 새기고 영자당(影子堂)이라고 하였다는 기록은 사성암 동쪽 암벽에 음각한 여래상을 아름답게 채색을 하고, 전각(殿閣)을 지었다는 기록이며, 불상(佛像)에 채색하고 전각을 세우는 것이 당시의 관례였다.

참고로 여기서 영자당(影子堂)이라고 한 것은, 약사여래를 암벽에 음각(陰刻)한 연유로 햇빛이나 달빛 또는 촛불이나 등불 등, 빛의 각도에 따라 음각한 선들이 음영(陰影)으로 잘 드러나 보이므로 음각한 부처님을 모신 법당이라는 뜻이다.

학자들의 견해에 따라서 약간의 연대 차이는 있지만, 이 인물상은 관세음보살이 아니고 약사여래이며, 학자들이 신라 말에서 고려 초기의 작품이라고 하는 것은, 곧 신라 말 856년 신인(神人)인 혜철국사가 도선국사에게 산천비보를 교육 전수하면서 조성했다는 기록을 사실로 인정하는 학술적인 뒷받침이다.

---

34) 탱화(幀畵): 〈명사〉 ≪불교≫ 불·보살·성현 등을 그려서 벽에 거는 그림. 〈준말〉 탱(幀). 〈동의어〉 괘불(掛佛). ① 괘불탱.

大中十年 丙子 祖師 結庵甌嶺 與神人 相[35]會[36] 開創米岾寺
대 중 십 년 병 자 조 사 결 암 구 령 여 신 인 상   회   개 창 미 점 사

대중(大中)[37] 십년(856년) 병자(丙子)에 도선조사께서 구령 암자에서 인
연을 맺은 신인을 따라 오산 동쪽 암벽에 부처님을 그리고, 이어 미점사
(米岾寺)를 지었다.

주(註): 위 내용은 도선국사 비음기와 똑같은 것으로 사성암의 독
자적인 기록이라기보다는 도선국사 비문을 인용한 것으로 보인다.

문제는 여기서 말한 '결암(結庵)'과 '여신인상회(與神人相會)'를 어떻
게 해석하느냐 하는 것인데, 결론부터 말하면 이 대목은 구령 암자
에서 특별한 맹약, 즉 역성혁명(易姓革命)을 결의(結義)[38]한 혜철국사를
따라 오산 동쪽 암벽에 약사여래 부처님을 새겨 모시고, 이어 미점
사를 지었다는 기록이다.

좀 더 자세히 설명하면, 혜철국사가 도선국사에게 도참의 비결을
전한 이 구령 암자에 관한 설명이 도선국사 비(碑) 본문에는 '구령치
암(甌嶺置庵)'이라 하였으며, 비음기(碑陰記)와 사성암사적에는 '결암구
령(結庵甌嶺)'이라 하였고, 화엄사사적에 병기(倂記)[39]된 도선국사 비
본문에는 '구령탁암(甌嶺卓庵)'이라 하였는데, 앞서 설명한 대로 구령
은 오산의 봉우리를 말하고, 암자는 그 산 꼭대기에 있는 도선사(道詵
寺 현 사성암), 지금의 산신각에 있었던 초막(草幕) 형태의 암자를 말하
는 것이다.

---

35) 상(相): ① 형상, 사람의 용모, 사기(史記) 무여계상(無如季相). ② 모습, 형태, 금강경(金剛
   經) 무인상(無人相), 아상(我相), 중생상(衆生相), 수자상(壽者相).

36) 회(會): 회(繪)와 같은 뜻이다. 서경(書經) 일월성신산용충위회(日月星辰山龍蟲爲會) 상회
   (相會), 즉 부처님을 그렸다는 뜻이다.

37) 대중(大中): 당(唐) 선종(宣宗)의 연호(847~860).

38) 결의(結義): 〈명사〉 의리로써 관계를 맺음. ¶ 도원(桃園)~. 결의–하다.

39) 병기(倂記): 〈명사〉 함께 나란히 적음. 병기–하다.

문제는 비 본문에는 지리산 구령치암(甌嶺置庵)이라 하고, 뒤에 기술된 비음기에는 결암구령(結庵甌嶺)이라 하였으며, 화엄사사적에는 구령탁암(甌嶺卓庵)이라고 하여, 세 곳 모두 구령(甌嶺)이라는 지명은 같으나, 암자를 지칭한 글자와 또는 "암자의 이름이다"라고 할 수 있는 명칭이 서로 다르고, 사람마다 해석도 다르다는 것이다.

그러나 비 본문에서 구령치암(甌嶺置庵)이라 하고, 이어진 비음기에서 결암구령(結庵甌嶺)이라 한 것은, 본문의 치암(置庵)에서 치(置)는 혜철국사[이인(異人)]가 구령에 암자(현 사성암 산신각)를 세웠다는 뜻이며, 결암(結庵)이라는 비음기와 사성암사적의 기록은 구령, 즉 사발봉우리 암자에서 도선국사가 혜철국사[신인(神人)]와 인연을 맺었다는 뜻이다.

아울러 최유청이 쓴 도선국사 비문을 필사한 것임을 밝히고 쓴 화엄사사적은 인용한 동문선본(東文選本)에도 없는 구령탁암(甌嶺卓庵)이라 하였는데, 글자 그대로 높은 산봉우리에 세운 암자라는 뜻으로 구령, 즉 사발봉우리에 암자를 세웠다는 뜻이다.

화엄사사적에서 치(置)를 탁(卓)으로 바꾸어 쓴 것은 오산, 즉 구령의 역사를 자신의 것으로 만들기 위해 치(置)를 버려두었다는 의미로 해석하여, 세웠다는 의미의 탁(卓)으로 바꾼 것이다.

혹 1712년(조선 숙종 38) 3월 옥룡사에서 비문과 비음기를 간행할 때 잘못되었을 수도 있다 하겠으나, 동문선본에도 치(置)로 되어 있으므로, 최유청이 쓴 옥룡사 비문의 기록이 정확한 역사이며, 화엄사지에 기록된 도선국사 비문은 의도적으로 가필(加筆) 날조한 것이다.

【부연하면, 비문을 도참으로 해석했느냐를 떠나 만일 화엄사가 비문을 인용할 때 버려두었다는 의미는 물론 세운다는 의미도 가지고 있는 둘 치(置)를 세웠다는 의미로 읽었다면, 굳이 같은 의미인 탁

(卓)으로 바꿀 이유가 없었다.】

다음은 '여신인상회(與神人相會)'에 관한 설명이다.

여(與)는 본래 그 뜻풀이가 여러 가지이지만, 비문에서 말하는 여(與)는 문맥으로 보아 스승인 신인(神人)을 '따르다' 또는 '함께하다' 또는 '더불어' 또는 '돕다'의 뜻이며, 모두 쓸 수 있는 단어들이다.

그러나 도선국사는 신인으로부터 신술을 전해 받은 제자이므로 '더불어' 또는 '함께했다'는 것은, 제자가 스승과 동격이 되는 무례가 되는 것이므로 '신인을 따랐다'고 해석하는 것이 옳다.

문제는 이어진 문장에 두 사람이 서로 만난다는 뜻을 가진 상회(相會)를 어떻게 해석하느냐는 것인데, 문자 그대로 해석하면, '신인을 따라 서로 만났다' 또는 '신인과 함께 서로 만났다'는 뜻이 되는데, 이는 이미 여(與)를 통해 도선국사와 함께 존재하고 있는 신인을 두고, 다시 '서로 만났다' 또는 '함께 모였다'고 하는 것으로 문맥이 맞지 않는다('더불어' 또는 '도왔다'는 해석도 마찬가지다).

따라서 이 대목은 도선국사의 행적을 기록하는 것으로, 비문의 자체가 도참의 비결을 인용한 것이며, "도선국사가 일찍이 이 산에 살면서 동국의 산천을 그렸으며, 부처님을 석벽에 조성하였는데 속칭 영자당(影子堂)이라고 한다"는 구례 봉성지의 기록으로 보아, 여기서의 상(相)은 부처님의 상호(相好)[40]를 말하고 회(會)는 그림을 뜻하는 것으로 신인, 즉 혜철국사를 따라 오산 동쪽 암벽에 약사여래를 음각으로 조성하고 채색을 하였다는 뜻이다.

다음은 미점사(米岾寺)에 관한 설명이다.

---

40) 상호(相好): 〈명사〉 ≪佛≫ 용모. 자태(姿態). 인상(人相). 얼굴 모습이나 생김새. 부처의 화신에는 서른두 가지 상과 여든 가지의 호가 있다고 한다.

미점사(米岾寺)는 오산 동쪽 계곡에 세웠던 절인데, 문척면 월평마을에서 남쪽에서 흘러오는 중산천을 거슬러 토금마을 입구를 지나 우측 첫 번째 계곡에 있으며, 지금도 월평마을에서는 "바위틈에서 쌀이 나왔음으로 미(米)절이라고 불렀다"는 전설과 함께 옛터만 전해지고 있다.

도선국사가 구령(오산) 암자에서 수도하던 혜철국사를 만나 도참을 전해 받고, 태안사로 들어가 혜철국사로부터 만물의 근원이 되는 도(道, 풍수지리)를 전해 받은 후 처음으로 한 일은 856년 혜철국사를 따라 오산 봉우리 동쪽 암벽에 약사여래 부처님을 그려 모시고 동쪽 계곡 돌담불에 끊임없이 쌀이 솟아 나온다는 의미의 미점사(米岾寺)를 세웠는데, 커다란 노적가리와 같은 오산의 모양과 약사여래와 미점사를 배치한 구조를 보면, 약사여래가 노적가리 위에 서서 사발을 들고 세상의 중생을 영원히 구하고 있는 형국으로, 이는 혜철국사가 동방정유리광세계를 이 땅에 시현(示現)하여 오래지 않아 셋으로 나뉘어 전란의 구렁에 빠질 나라를 구하고 백성들을 안락하게 하려는 비원에서 비롯된 비보(裨補)였다.

오늘날에는 '쌀재' 또는 쌀 고개에 있는 절이라는 뜻으로, '미절'이라 부르며, 구례 오산 동쪽 계곡에 전해 오는 터를 확인하였는데, 비록 지금은 산죽(山竹)과 가시덤불에 뒤덮여 있지만 그 터에서 바라보는 경치는 참으로 아름다운 선경이다.

문척면 토고미(兎顧尾)마을 입구에서 촬영한 미점사지

사진 정면 골짜기 중앙에 있는 대나무밭 위가 미점사가 있었던 자리다. 미점사의 정확한 위치는 오산 봉우리를 기준하면 동쪽 계곡이고, 행정관할 마을인 월평리에서는 남쪽 중산천을 거슬러 토금마을 입구를 지나 우측 첫 번째 계곡에 있으며, 지금도 월평마을에서는 "바위에서 쌀이 나왔음으로 미절이라고 불렀다"는 전설이 전해지고 있다.

지금은 돌담불에 한 발짝도 내딛기 어려운 산죽(山竹)과 가시덤불밭이라 전체적인 규모는 차후 보다 정밀한 조사가 필요하겠지만, 오늘날의 기준으로 보아도, 암자의 수준을 벗어난 규모이며, 풍수와 역사로 보면 미점사는 굶주리고 목마른 백성들을 구하기 위해 넘치는 쌀더미(돌무더기) 위에 세운 약사여래의 대원이 담긴 절이었다.

험한 산중에서 크고 작은 바위들이 강을 이루는 돌담불 위에 터를 잡고, 크고 작은 바위들을 옮겨 몇 단계 계단식으로 축대를 쌓아 세운 미점사는 한평생 구례읍에 살면서 최근 중건한 사성암(도선사)의 불사를 지휘, 새로 세울 건물의 기초를 다지는 등 중추적인 역할을 한 조휴봉 선생을 동반하여 현장을 답사한 결과 이런 악조건에서 단시일에 이 정도 규모의 축대를 쌓고 터를 다져 절을 세우려면, 대략 백 명의 장정이 2년은 했을 것이라고 하는 것으로 보아, 당시 많은 인력이 일시에 동원된 대규모 사업이었음을 알 수 있다.

【부연하면, 본인의 저서 "동리산 사문비보"에 미점사를 '오산 봉우리 남쪽 계곡'이라 한 것은, 행정 관할 마을인 문척면 월평마을의 관점에서 기준한 것이었는데, 문맥상 오해의 소지가 있어 '오산 봉우리 동쪽'으로, 즉 오산을 중심으로 위치를 표기하였으니, 참고하여 오해가 없기를 바란다.】

十二年 戊寅에 開創求禮縣道詵寺하고 與神人 聚沙하야
십이년 무인　개창구례현도선사　　여신인 취사
劃[41]三國하고 圖處[42]에 開創 三國寺하다.
획　삼국　　도처　　개창 삼국사

대중 12년(858 무인 戊寅)에 구례현(求禮縣)에다 도선사(道詵寺)를 지었으며, 이어 신인(혜철국사)을 따라 승려들을 모아 전란(戰亂)으로 나라가 셋이 될 것을 알고, 도참(圖讖)에 이르는 비밀한 곳에, 삼국을 통일하고 나라를 창업할 절을 지었다.

주(註): 도선사는 지금의 구례 오산 정상에 있는 사성암 본당을 말하는 것이다.

처음 혜철국사가 지금의 산신각 자리에 초막을 짓고 머무르며 도선국사를 만나고, 856년 동쪽 암벽에 약사여래를 조성하여 모셨으며, 이어 미점사를 세우고, 2년 뒤 지금의 사성암 본당에 절을 세우고 도선사라 하였다는 기록이다.

도선사에 관한 보다 상세한 설명은 본문 "오산의 역사"를 참고하기 바란다.

---

41) 획(劃): 그을 획(劃), 칼로 잘라 나눈다는 뜻이니, 곧 전란으로 나라가 셋으로 나누어진다는 의미다.

42) 도처(圖處): 도참에 이르는 곳, 즉 하늘이 감추고 땅이 숨긴 비밀한 장소.

최초의 도선사(현 사성암) 전경

옥룡사 도선국사 비음기에 "대중 12년(858) 구례현에 도선사(道詵寺)를 세웠다"는 기록 그대로 처음 858년 혜철국사가 도선국사에게 산천비보(山川裨補)를 전수하며 지은 도선사(사진 우측, 현 사성암)이고, 아미타부처님을 모셨던 법당이며, 동쪽 암벽에 조성하여 모신 약사전의 전경이다. 약사여래를 영자당(影子堂)이라 하고 석탱(石幀)이라고 한 기록으로 보아 지금처럼 화려하지는 않지만, 당시에 약사여래를 아름답게 채색하고 비 가림을 한 전각(殿閣)이 있었던 것으로 보인다.

다음은 "여신인취사 획삼국 도처 개창삼국사(與神人聚沙 劃三國 圖處 開創三國寺)"에 관한 설명이다.

위 내용은 옥룡사비문과 사성암사적에만 있는 기록으로, 고려 태조는 혜철국사가 도선국사에게 비밀하게 전한 도참에 이른 대로 삼한을 통일하고 왕위에 올랐다는 동리산 태안사사적과 여기 오산 봉우리, 즉 구령 암자에서 혜철국사가 나라를 구하고 백성들을 안락하게 하기 위해 도선국사에게 전한 도참(圖讖)을 실행 실천하였다는 중요한 기록이다.

그러나 세간에서는 신인과 함께 모래를 모아 삼국을 그리고, 그림을 그린 곳에 삼국사(三國寺)를 세웠다는 것이 일반적인 해석이며, 지금도 혹자들은 삼국사라 한 것은, 삼국사라는 사찰이 있었다고 주장하는데, 상식적으로 기존의 왕조를 전복시킬 목적으로, 국가를 삼국(三國)으로 나누고, 삼국사라는 사찰을 지었다는 것은, 예나 지금이나 있을 수가 없는 일이며, 헌안왕[憲安王, ?~861(?~경문왕)] 43)에서 경문왕(景文王, 861~875)의 초기로 아직은 신라왕들의 위엄이 서슬 퍼런 시기였다.

동서고금의 역사를 보면, 왕이라는 절대 권력 앞에서, 국가에서 주목하는 혜철국사와 도선국사 같은 승려가 하늘을 뒤집고 산을 구워서 강물에 말아 먹을 삼국사(三國寺)라는 정치적 의미가 담긴 사찰을 건립한다는 것은 상상할 수 없는 일이다.

단적인 예로 여기서 말하는 도참(圖讖)과 도처(圖處)가 어떤 의미이고 무엇을 뜻하는지, 조선시대 많은 기록들이 있지만, 억불정책을 강화하여 많은 사찰을 폐쇄하고 사원의 토지와 노비(奴婢)를 몰수하였으며, 비기(秘記)와 도참(圖讖)사상을 엄금한 태종(太宗)과 연산군(燕山君) 당시의 기록을 보면 누구나 쉽게 이해할 수 있을 것이다.

1417년(태종 17) 태종은 "만약 참서(讖書)를 불살라 버리지 않고 후세에 전한다면 사리(事理)를 밝게 보지 못하는 자들이 반드시 깊이 믿을 것이니, 빨리 불살라 버리게 함이 이씨(李氏) 사직(社稷)44)에 있어서 반

<hr>

43) 헌안왕[憲安王 ?~861(?~경문왕 1)]: 신라 제47대 왕(857~861). 성은 김씨, 휘는 의정(誼靖)·우정(祐靖). 신무왕(神武王)의 이복동생으로 아버지는 성덕대왕(成德大王)으로 봉해진 균정(均貞), 어머니는 조명부인(照明夫人) 김씨이고, 원성왕(元聖王)의 아들 예영(禮英)의 손자이다. 문성왕(文聖王)의 고명(顧命)으로 왕위에 오른 뒤, 제방을 수리하고 농사를 권장하였다. 아들이 없어 왕족 응렴(膺廉 : 景文王)을 맏사위로 삼아 그에게 왕위를 물려주었다. 능은 경주 공작지(孔雀趾)에 있다.

44) 사직(社稷): 〈명사〉 ① 땅을 맡은 신과 곡식을 맡은 신. 나라를 세우면 반드시 조상신과 함께 모셔 제사 지냈다. 〈동의어〉 사직지신(社稷之神). 〈참고〉 태사(太社). 태직. ② 나라 또는

드시 손실(損失)됨이 없을 것이다” 하였고, 1498년(연산군 4년) 구례의 백성 배목인(裵目仁)·문빈(文彬) 등이 역모(逆謀)[45]를 꾀했다 하여, 10월 6일 본인들은 능지처참(陵遲處斬)[46]의 죽임을 당하고 부모와 자식들은 교수형을 당했으며, 11월 예절의 고을이라는 구례현(求禮縣)을 산골 천민(賤民)들이 사는 부락이라는 유곡부곡(楡谷部曲)으로 강호(降號), 즉 격하시켜 남원부에 내속시켜 버렸는데, 연산군이 이들을 역모로 죽이고 고을을 격하시켜 버린 죄목은 어명으로 금서(禁書)로 정한 도참, 즉 참서를 소지하고 믿었다는 것이니, 이씨 왕조가 참서의 소지를 역모로 엄히 다스린 이유가 도선국사 비문과 사성암사적에서 말하는 도참이 역성혁명(易姓革命)을 비결(祕訣)로 감춘 혁명의 전략서(戰略書)였음을 말하는 것이다.

그러므로 여기서 말하는 “여신인취사 획삼국 도처 개창삼국사(與神人聚沙 劃三國 圖處 開創三國寺)”는, 그 이름이 삼국사가 아니고, 천하를 도탄에서 구하려는 신인(神人), 즉 혜철국사의 예지(豫知) 능력의 표현으로, ‘여신인취사(與神人聚沙)’ 혜철국사를 따라 승려들을 모아 ‘획삼국(劃三國)’ 여기서의 획(劃)은 칼로 나눈다는 뜻이니, 곧 전란(戰亂)으로 나라가 셋으로 나누어질 것을 알고, ‘도처(圖處)’, 즉 그러므로 전란에 빠진 나라와 백성들을 구할 방편으로, 하늘이 숨기고 땅이 감춘 결코 공개될 수 없는 비밀한 장소에, ‘개창삼국사(開創三國寺)’, 즉 나라와 백성들이 셋으로 쪼개져 서로 증오하며 죽이고 죽는 전란의 구렁에 빠진 삼국을 통일 천지인(天地人), 즉 하늘과 땅과 사람이 함께하는 도

조정.

45) 역모(逆謀): 〈명사〉 반역을 꾀함. 또는 그 꾀.

46) 능지처참(陵遲處斬): 〈명사〉 머리, 팔, 다리, 몸뚱이를 토막 치는 극형에 처함.

(道)의 나라로 세울 인재들을 양성하는 절을 세웠다는 뜻이다.

한마디로 혜철국사와 함께 앞으로 신라의 장래를 예측해 보고 또는 어떻게 부패한 신라의 왕조를 뒤집어엎을(?) 것인가를 모의하고, 그 일을 진두지휘할 베이스캠프를 도처(圖處), 즉 결코 밝힐 수 없는 비밀한 장소에 은밀하게 지었다는 뜻이니, "혜철국사와 함께 승려들을 모아 전란(戰亂)으로 나라가 셋이 될 것을 알고, 도참(圖讖)에 이르는 비밀한 곳에, 삼국을 통일하고 나라를 창업할 절을 지었다"는 뜻이다.

특히 이 기록은 "삼수(三水) 가운데에서 사방의 땅을 헤아려 보니, 상제(上帝)가 아들[子]을 진한(辰韓)과 마한(馬韓)에 내려 보내어 먼저 계림(鷄林 - 신라)을 취하고 후에 압록(鴨綠 - 후백제)을 잡는다"는 고경참문(古鏡讖文)47)의 전략과 같은 것으로, 셋으로 나눠진 국민들을 하나로 화합하고 국토를 통합하는 삼한통일의 핵심 전략이다.

당시 왕건은 물론이거니와 혜철국사와 도선국사 모두 약사여래를 모시고, 삼승(三乘)이 결국은 일승(一乘)으로 귀일(歸一)한다는 회삼귀일 사상(會三歸一思想), 즉 부처님이 설한 팔만 사천 가지의 법(法)이라는 것은, 깨달음에 도달하기 위한 방편일 뿐, 시방불토(十方佛土)에는 오직 일불승(一佛乘)의 법만이 있음으로, 즉심시불(卽心是佛) 마음이 곧 부처다. 즉 누구나 깨달으면 부처가 된다는 것을 천명하고 실천하였음을 상기한다면, 왜 삼국사(三國寺)가 아니고 삼국을 하나로 통일할 사찰인지, 그 의미를 좀 더 쉽게 이해할 것이다.

---

47) 고경참문(古鏡讖文): [명사] 〈역사〉 고려 태조 왕건의 등극과 후삼국의 통일을 예언하였다는 거울 속의 글. ≪동국사락≫, ≪삼국사기≫, ≪고려사≫ 따위에 보이는 11수, 145자로 된 예언 시구(詩句)로, 은어로 표현되어 있다. 궁예를 폐하고 왕건을 추대한 신숭겸 등 혁명 4공신(功臣)이 왕건에게 의거(義擧)를 건의하였을 때 이 고경참문을 적극 원용(援用)한 것은 이 참문을 혁명주체들, 즉 태안사 세력들이 만들어 낸 것으로 고도로 계획된 왕건을 위한 삼국통일의 전략이다.

이는 목적하는 것을 얻기 위하여 지세(地勢)를 의지하는 수동적인 비보사상(裨補思想)에서 사원과 탑을 세우거나 나무를 심고 또는 바위를 옮기거나 물을 끌어들이고 산을 만드는 등 주변의 지형을 인위적으로 바꾸어 가는 적극적인 비보사상을 말하는 것으로, 나라가 전란의 구렁에 빠질 것을 알고 이에 대비했다는 기록이며, 이러한 산천비보사상은 무신정권시기에 설치한 산천비보도감(山川裨補都監)[48]의 목적에서 잘 나타나 있다.

【부연하면, 무엇이 산천비보이며 어떻게 하는 것인지, 풍수에 관한 지식이 있는 사람들은 도처에서 볼 수 있지만, 일반인들은 쉽게 볼 수 없는 것이 이것이다. 그러나 일반인들이 이해하기 쉬운 비보풍수가 경남 하동군 화개동 운수리에 있는 쌍계사(雙磎寺)에 있다. 쌍계사 법당 배경이 된 뒷산 봉우리를 자세히 살펴보면, 우측 능선에 거목(巨木)으로 숲을 조성하여 반원을 만들어 법당과 균형을 맞추어 놓았는데, 바로 이것이 비보풍수의 전형이다.】

따라서 개창삼국사(開創三國寺)는 앞의 획삼국(劃三國)에서 혜철국사와 도선국사가 신(神)의 위치에서 나라가 전란으로 셋이 될 것을 예견하고, 이에 대비하여 도처(圖處), 즉 결코 공개할 수 없는 도참에 이르는 비밀한 곳에 뜻을 모은 비결이므로, 당연히 셋으로 나누어진

---

48) 산천비보도감(山川裨補都監): 고려시대 무인집권기에 최충헌이 전국의 산천을 보호한다는 명분을 내세워 설치한 관청. 무인란 이후 전국 각지에서 민란이 일어나자 당시 집권자인 최충헌은 사찰(寺刹)과 조탑(造塔)이 산천의 순역(順逆)을 무시하고 지어져 있기 때문에 법력(法力)의 중압(重壓)으로 지맥을 손상하여 재변이 자주 일어난다고 왕에게 고하면서, 음양전문가들로 하여금 산천의 길흉과 순역을 조사하게 하여 비보가 될 만한 사찰 이외에는 모두 철폐할 것을 주장했다. 그 뒤 1198년(신종 1) 최충헌은 음양술사(陰陽術士)를 모아 산천비보도감을 설치하여, 지리적으로 결함이 있는 곳에 조산(造山)·축성(築城)하고 제방을 쌓는 외에 지맥을 손상하는 사탑이나 제방을 모두 파괴하고, 비보가 되지 않는 사찰을 철폐했다. 그러나 집권무인들은 국가를 보호한다기보다는 이기적인 입장에서 파괴하기도 하고 쌓기도 했다.

것을, 다시 하나로 만드는 비결, 즉 셋으로 나눠진 국민들을 하나로 화합하고 국토를 통합 삼국을 하나로 통일하고 나라를 세울 대업을 수행할 절을 세웠다는 뜻이며, 필자의 연구 결과에 의하면 지금의 구례군 논곡리(곡성군 가정리) 황룡사가 그 도처다.

보다 자세한 것은 필자의 저서 "동리산 사문비보"(2009년 1월 도서출판 박이정 간행)를 참고하기 바란다.

眞覺國師가 拈頌編輯[49]時에 起筆[50]於鰲山庵云하니라
진각국사 염송편집 시 기필 어오산암운
"진각국사께서 선문염송(禪門拈頌)을 편집하실 때 이곳 오산 암자에서 처음으로 집필(執筆)[51]하시었다" 한다.

주(註): 본문 "오산의 역사"에서 언급했듯이, 오산 사성암은 진각국사(眞覺國師, 1178~1234) 비문과 경암대사의 기록에 의하면, 진각국사가 선문염송(禪門拈頌)을 처음 집필한 역사의 현장이다.

고려 대문장가인 이규보가 지어 1250년에 건립한 월남사 진각국사 비문에 의하면, "일찍이 오산에 살고 있었는데, 한 반석 위에 앉아 밤낮으로 항상 선정(禪定)을 익히어, 매양 오경에 이르도록 매우 큰 소리로 게송을 읊으시니, 그 소리가 10여 리에 들리어 조금도 때를 어기지 아니하니 듣는 이가 이것으로써 아침임을 짐작하였다" 하였고, 사성암사적에 의하면 "진각국사께서 구례군 문척면 오산 사성암에서 이 염송을 지었다" 하였다.

---

49) 편집(編輯): 〈명사〉 여러 가지 자료를 모아 엮고 짜서 신문·잡지·책 따위를 만듦.
50) 기필(起筆): 글을 쓰기 시작하였다. 처음 집필을 시작하였다.
51) 집필(執筆): 〈명사〉 ① 붓을 잡고 글이나 글씨를 씀. ② 땅·집 따위의 문권을 쓴 사람. 집필 – 하다.

이 선문염송의 중요성은 고려시대로부터 조선시대를 거쳐 오늘에 이르기까지 선문(禪門)의 공안(公案)으로 널리 인정되어 왔으며, 앞으로 컴퓨터 문명이 지배하는 미래세계에서 세계 최대의 선문공안집(禪門公案集)으로 우리 한국만이 갖고 있는 독보적인 불교정신문화이며, 과학문명으로부터 소외되는 인간을 구원할 영원히 마르지 않을 지혜의 샘물이 될 것이다.

다만 한 가지 여기서 주목할 것은, 진각국사 시집 가운데 이곳 사성암에서 지은 글이라고 할 수 있는 것들이 여러 수가 보이지만, 그 가운데 오봉산(五峰山)52) 앞에서 지었다는 "우거전물암 삼수(寓居轉物庵三首)"는 "오봉산 앞 옛 바위굴 그 속에 한 암자가 있었다" 하였으니, 오봉산은 오산 바로 앞 턱밑 동쪽 강변에 있는 산이며, 여기 사성암 지금 산신각 자리에 있었던 건물을 말하는 것이다.

암자를 이름하여 전물암(轉物庵)이라 하였는데, 전(轉)의 뜻을 헤아려 보면, 여러 가지가 있겠으나, 여기서는 환(還), 즉 돈다, 회전한다(선 旋)는 뜻이니, 전물(轉物)이라 함은 만물(萬物), 즉 만법(萬法)이 돈다는 뜻으로, 천지만물(天地萬物)의 기(氣＝道)가 모여드는(詵) 절(寺)이라는 도선사(道詵寺)와 같은 뜻인데, 이로 보아 자신들이 공경하는 도선국사의 이름을 피하기 위해 전물암(轉物庵)으로 개명한 것으로 보인다.

또한 예로부터 오산은 땅의 기운이 응집된 곳으로, 이 오산을 중심으로 이른바 천하의 기(氣)가 돈다는 풍수설로 보아도, 전물(轉物)이라는 이름은 옳은 것이다.

---

52) 오봉산(五峰山 五鳳山): 209m 문척면에서 섬진강을 따라 가로로 누운 다섯 봉우리의 산이다. 이곳에는 오봉귀소형(五鳳歸巢形)의 큰 명당이 있다고 전해지는데, 특히 다섯 봉우리 중 맨 동쪽 봉우리에 그 생기가 집중되었다고 한다. 예로부터 아들을 점지받기 위해 부녀자들이 앞을 다퉈 산을 올랐다 한다.

다음은 오산 정상에 있는 전물암(轉物庵), 즉 사성암에서 진각국사가 불렀던 노래다.

아무 때나 사성암에 올라 바위에 걸터앉으면, "진각국사께서 일찍이 이곳에서 선정(禪定)을 닦으실 때는 매일같이 새벽에 큰 소리로 게송을 읊으시니, 그 목소리가 10리까지 들렸으며, 조금도 시간을 어기지 않아 주변 사람들이 그 소리만 들리면 새벽이 된 줄을 알았다고 한다"고 전하는 월남비(月南碑)의 기록을 함께 음미하여 보면, 지금도 그 목소리가 낭랑하게 들려오는 것만 같다. 잠시 감상해 보기를 바란다.

寓居轉物庵三首
우 거 전 물 암 삼 수

전물암에 살면서 지은 시 삼수

1.

五峰山前古巖窟
오 봉 산 전 고 암 굴

오봉산 앞 오래된 바위굴에

中有一庵名轉物
중 유 일 암 명 전 물

한 암자가 있으니 그 이름 전물암(轉物庵)이라네.

我栖此庵作活計
아 서 차 암 작 활 계

내 이 암자를 지어 사는데

只可呵呵難吐出
지 가 가 가 난 토 출

다만 하하 웃기만 할 뿐 말로 하기 어려우이.

缺唇垸絶脚鐺
결 진 완 절 각 당

입술 일그러진 바릿대와 다리 부러진 솥으로

煎粥煎茶聊遣日
전 죽 전 다 료 견 일

죽 끓이고 차 끓이며 즐거이 하루해를 보낸다네.

疎慵不掃復不芟
소 용 불 소 부 불 삼

게을러서 쓸지도 않고 풀도 베지 않았더니

庭草如雲深沒膝
정 초 여 운 심 몰 슬

마당풀이 구름 같아 그 깊이가 무릎까지 빠지네.

晚起不知平旦寅
만 기 불 지 평 단 인

늦게 일어나니 새벽 인시(寅時)[53]는 알지도 못하고

早眠不待黃昏[54]戌
조 면 불 대 황 혼   술

일찌감치 잠이 드니 해지는 술시(戌時)[55]를 기다리지 않네.[56]

不剃頭不看經[57]
불 체 두 불 간 경

머리도 깎지 않고 불경(佛經)도 보지 않으며

不持律不燒香
불 지 률 불 소 향

계율도 지키지 않고 향도 피우지 않네.

不坐禪不禮祖
불 좌 선 불 례 조

좌선도 하지 않고 조사들께 예를 올리지도 않으며

不禮佛
불 례 불

부처님께 예불도 드리지 않네.

人來怪問解何宗
인 래 괴 문 해 하 종

사람이 와서 괴이 여겨 무슨 종지(宗旨)[58]를 아느냐 물으면

一二三四五六七
일 이 삼 사 오 륙 칠

일 이 삼 사 오 육 칠이라 대답하네.

---

53) 인시(寅時): 〈명사〉 ① 십이시의 셋째 시. 곧 오전 세 시부터 다섯 시까지의 동안. ② 이십
사시의 다섯째 시. 곧 오전 세 시 반부터 네 시 반까지의 동안. 〈동의어〉 인(寅).

54) 황혼(黃昏): 〈명사〉 ① 땅거미. 해가 진 뒤로 껌껌하기 전까지의 어둑어둑하여지는 어둠.

55) 술시(戌時): 〈명사〉 ≪민속≫ ① 십이시의 열한째 시. 오후 일곱 시부터 아홉 시까지의 동안.
② 이십사시의 스물한째 시. 오후 일곱 시 반부터 여덟 시 반까지의 동안. 〈동의어〉 술(戌).

56) 이 대목은 시간에 구애받지 않고 자유자재함을 나타낸 구절이며, 탈(脫)로 되어 있던 것은 만
(晚)이라야 맞는다.

57) 간경(看經): 〈명사〉 ≪불교≫ 불경을 소리 내지 않고 읽음. 〈반의어〉 독경. 간경 – 하다.

58) 종지(宗旨): 〈명사〉 ① 주장되는 요지. ② 종문의 교의의 취지.

莫莫莫密密密
막 막 막 밀 밀 밀

말아라, 말아라, 말아라. 가만 가만 비밀 지켜

家醜不得外揚
가 추 불 득 외 양

집안 흉을 바깥에 드러내지 않는다네.

摩訶般若波羅密
마 하 반 약 바 라 밀

마하반야바라밀

2.

五峰山色昏彌翠
오 봉 산 색 혼 미 취

오봉산(五峰山) 산 빛은 저녁이 될수록 더욱 푸르고

一帶溪聲曉更高
일 대 계 성 효 갱 고

한 줄기 계곡 물소리는 새벽에 더욱 크게 들리네.

暮去朝來聲色裡
모 거 조 래 성 색 리

물소리 산 빛 속에 저녁이 가고 아침이 오니

淸歌誰得似吾曹
청 가 수 득 사 오 조

맑은 노래 어느 누가 우리네처럼 얻을소냐.

3

五更山月囪前白
오 경 산 월 창 전 백

오경(五更)의 산에 뜬 달은 창 앞에 밝게 비치고

數里松聲枕上淸
수 리 송 성 침 상 청

수리(數里) 솔숲에 이는 바람소리는 베개 위에 맑구나.

富貴多勞貧賤苦
부 귀 다 로 빈 천 고

부귀한 사람은 노력이 많고 가난하고 천한 사람은 고달프거늘

隱居滋味與誰評
은 거 자 미 여 수 평

숨어 사는 이 재미를 뉘와 함께 이야기하랴.

〈무의자 시집에서 발췌〉

진각국사의 시를 보면, 오산 사성암에서 무위자연(無爲自然)[59]으로 돌아가 다선일미(茶禪一味)[60]의 세계를 만끽하면서, 그야말로 배고프면 밥 먹고, 목마르면 물 마시고, 잠이 오면 잠 자는 아무 곳에도 걸림이 없는 숲 속의 바람처럼, 그런 수행(修行)의 즐거움을 노래하는 것으로, 진각국사의 진면목을 엿볼 수 있다.

이 전물암(轉物庵)이 원감국사(1226~1292) 때에는, 좌선암(坐禪庵)이라 하였고, 문헌으로 오산이라 한 것은, 진각국사 비문에 지네를 뜻하는 오산(蜈山)이라고 하였지만, 지금 부르고 있는 거북 또는 자라를 뜻하는 오산(鼇山, 鰲山)이라는 이름은 원감국사 문집에 처음 나오는 이름이다.

이러한 기록에서 보듯이, 오산과 사성암은 사람이 바뀔 때마다, 즉 사람의 인연을 따라서 여러 가지 이름으로 유전하였음을 알 수가 있다.

高麗圓鑑國師集에 云하되 鰲山之頂에 有坐禪岩行道石하니
고 려 원 감 국 사 집   운   오 산 지 정   유 좌 선 암 행 도 석

盖先覺眞覺兩國老의 宴坐修道之遺蹟也라
개 선 각 진 각 양 국 로   연 좌 수 도 지 유 적 야

고려 원감국사집(圓鑑國師集)에 의하면 오산 정상에 좌선암(坐禪岩)과 행도석(行道石)이 있는데, 그것은 도선국사와 진각국사 두 분 원로께서 고요히 앉아 수도하시던 유적이다.

주(註): 도선국사가 오산에서 수도하였다는 것은 굳이 설명하지 않아도 세상이 아는 일이지만, 진각국사가 이곳 오산에서 수도하고 선

---

59) 무위자연(無爲自然): 〈명사〉 사람의 힘을 더하지 않은 그대로의 자연. 또는 그런 이상적인 경지.

60) 다선일미(茶禪一味): 흔히 조주선사(趙州禪師)로 잘 알려진 당나라의 선승(禪僧)인 종심(從諗, 778~897)이 깨달음을 묻는 승려들에게 "끽다거(喫茶去) 차나 한 잔 마시고 가라"며 차 한잔을 먹여 보낸 것에서 유래된 것으로 선방(禪房) 선객(禪客)들의 어록이 되었는데 차(茶)와 선(禪)이 한맛이라는 뜻이다.

문염송집을 처음으로 편집한 것은, 원감국사(圓鑑國師)[61]를 비롯한 역대 조사스님들이 증언하고 있으니, 이 또한 부언(附言)이 필요 없는 분명한 사성암의 역사다.

아울러 여기서 말한 오산(鰲山)은 원감국사 문집에는 속자(俗字)가 아닌 오산(鼇山)으로 되어 있다.

近者社內名德盧公[62]이 卜地[63]於坐禪岩下하고 化棒莽爲蘭
근 자 사 내 명 덕 노 공　　　　복 지　어 좌 선 암 하　　화 봉 망 위 란

若而居之하니 其地之絕奇勝을 固不可形容也라
야 이 거 지　　　기 지 지 절 기 승　　고 불 가 형 용 야

근자에 사내(社內)[64]의 명덕(名德)이신 원오국사(圓悟國師)[65]께서 좌선암(坐禪岩) 아래에 터를 잡고 나무와 풀을 베어 내 절을 지어 살고 있었는데, 그 터의 뛰어난 경치는 진실로 이루 형용할 수가 없다.

---

61) 원감국사(圓鑑國師): 충지(沖止) 고려의 승려(1226~1292). 속성은 위 (魏)이고, 호는 밀암(密庵)이며, 초명은 법환(法桓)이고, 이름은 원개(元凱)이며, 시호는 원감국사(圓鑑國師)이고, 탑호는 보명(寶明)이다. 정안(定安) 출생. 어려서부터 선가(禪家)에서 득도하기를 꿈꾸었으나 부모의 반대로 관직에 나아가 1244년(고종 31) 문과에 장원하였고 재직 시 시문(詩文)으로 일본에까지 이름을 떨쳤다. 29세 때 원오국사(圓悟國師) 문하에서 승려가 되었다. 전국을 순례하며 수도하였고, 1266년(원종 7) 김해군(金海郡) 감로사(甘露寺) 주지가 되었다. 1274년 원(元)나라 세조에게 청전표(請田表)를 올려 군량미 조달 명목으로 원나라에 빼앗겼던 근읍(近邑)의 토지를 되돌려 받았는데, 이 표는 당시 사정을 알 수 있는 중요한 사료이다. 1276년(충렬왕 2) 충렬왕은 충지를 선종의 가장 높은 법계인 대선사에 임명하였다. 1286년 원오국사의 유언에 따라 수선사(修禪寺) 제6세가 되었으며 수선교화(修禪敎化)에 몰두하며 수선사 전통을 계승하였다. 불교 삼장(三藏)에 이해가 깊었고 문장·시에도 능하여 ≪동문선(東文選)≫에 그의 작품이 실려 있다. 선풍은 무념무사(無念無事)를 으뜸으로 삼고 선교일치를 주장하여 지눌(知訥)의 종풍을 계승하였다. 저서에 ≪원감국사집≫ 등이 있다.

62) 노공(盧公): 원오국사의 호

63) 복지(卜地): 복거(卜居). 살 만한 곳을 가려서 정함.

64) 사내(社內): 사중(寺中). 사찰의 안을 말함. 일반적으로는 회사 내부를 말함.

65) 원오국사(圓悟國師): 천영(天英) 1215~1286(고종 2~충렬왕 12). 고려 후기 선승(禪僧). 성은 양(梁), 호는 충경(沖鏡). 자호(自號) 회당(晦堂) 노인(老人) 자는 내로(乃老) 만년에는 자(字)로써 이름을 삼았다. 남원 출신. 조계산 수선사(修禪社) 16국사(國師) 가운데 제5세이다. 1230년(고종 17) 수선사에서 도를 얻었고, 36년 선선(禪選)의 중상상과(中上上科)에 급제하였다. 46년 삼중대사(三重大師)가 되고, 49년 최우가 창건한 창복사(昌福寺)의 주맹(主盟)을 지냈으며, 이듬해 선원사(禪源社)의 법주(法主)가 되면서 보제사(普濟寺)와 구산선문(九山禪門)의 주맹이 되었다. 성격이 너그럽고 자애로워 많은 사람들로부터 존경을 받았다. 86년 불대사(佛臺寺)에서 입적하였다. 시호는 자진원오(滋眞圓悟), 탑호(塔號)는 정조(靜照).

逐乃請名于晦堂和尙하니 和尙이 以禪石으로 名之하시고
수 내 청 명 우 회 당 화 상　　　화 상　　이 선 석　　　　명 지

因有偈하시다. 盧公이 勸子하야 以續貂66)에 其意勤懇67)일
인 유 게　　　　노 공　　권 자　　이 속 초　　　　기 의 근 간

새(세) 辭不獲已하야 强綴蕪辭68)하야 仰賡法製69)에 奉呈盧
　　　　사 불 획 이　　　강 철 무 사　　　　앙 갱 법 제　　　봉 정 로

公丈下하니라.
공 장 하

그리하여 원오국사[회당화상(晦堂和尙)]께 그 이름을 청하였더니, 국사께
서 선석암(禪石庵)이라 이름하시고 게송(偈頌)70)을 지었다. 원오국사께서
변변치 못한 나에게 게송을 이으라고 권하는데 그 뜻이 너무도 정중하여
사양하지 못하고 우러러 글을 지어 원오국사께 드렸다.

주(註): 먼저 밝혀 둘 것은 이 대목은 오해의 소지가 있어 이해를
돕기 위해 현토(懸吐)71)를 "因有偈盧公하사 勸子以續貂에→因有偈하시
다. 盧公이 勸子하야 以續貂에"로 필자의 주관대로 바꾸었으니 이 점
을 참고하기 바란다.

본문은 오산의 절경인 지금의 사성암 도선굴, 즉 산신각 자리를
바위를 쪼아 내고 들어내 확장하여 아름다운 암자를 지어 놓고 지내
고 있는 원오국사에게 제자인 원감국사가 이름을 짓자고 청하니, 원
오국사가 선석암(禪石庵)이라 이름한 뒤 게송의 초안을 잡아 놓고 제
자인 원감국사에게 문장을 완성시키라 하였고, 이에 원감국사가 다

---

66) 속초(續貂): 〈명사〉 훌륭한 것에 변변하지 못한 것이 붙좇는 일. 구미속초(狗尾續貂) 담비의
　　꼬리가 모자라 개의 꼬리로 잇는다. 훌륭한 것 뒤에 보잘것없는 것이 잇따름.
67) 근간(勤懇): ① 정성을 다함. ② 근면함.
68) 무사(蕪辭): 두서없는 말. 자신을 낮추는 겸양의 언어.
69) 법제(法製): 〈명사〉 ① 물건을 규정대로 만듦. ② 《한의학》 약의 성질을 좀 다르게 하기
　　위해 정해 있는 방법대로 가공하는 일. ③ 《한의학》 약을 약방문대로 만듦. 법제-하다.
70) 게송(偈頌): [명사]〈불교〉 부처의 공덕이나 가르침을 찬탄하는 노래. 외우기 쉽게 게구(偈句)
　　로 지었다.
71) 현토(懸吐): 한문에 토를 다는 일.

음의 시(詩), 즉 게송을 완성하여 원오국사에게 드렸다는 기록이다.

아울러 원감국사 문집에 나오는 노공(盧公)·회당화상(晦堂和尙)·노인(老人)은 모두 원오국사(圓悟國師)를 칭한 것으로, 이는 원감국사가 자신의 스승인 원오국사를 예우한 문법이고, 동시에 원감국사가 시차를 두고 지은 글과 시를 만실스님이 사성암사적을 쓰면서 한 문장으로 이어 놓은 탓이기도 하다.

螺點一旋成絕嶠
라 점 일 선 성 절 교

소라처럼 한 바퀴 빙 돌아가야 하는 높고 험한 산마루에

屛圍六疊作奇岩
병 위 육 첩 작 기 암

기이하게 생긴 바위들이 여섯 폭 병풍처럼 에워싸고 있네.

鑿開戴石千尋頂
착 개 대 석 천 심 정

천 길 산봉우리 이고 있는 돌을 쪼아 터를 다듬어

化出凌虛八尺庵
화 출 능 허 팔 척 암

능허대(凌虛臺)가 솟아 나온 것 같은 여덟 자 암자를 지었네.

瞻望頭頭窮嶽瀆
첨 망 두 두 궁 악 독

바라보니 두두물물(頭頭物物)이라 멧부리와 계곡 빼어났는데

躋攀步步踏雲嵐
제 반 보 보 답 운 람

올라가면 걸음마다 구름과 안개를 밟네.

曹劉翰墨[72]題難好
조 유 한 묵　　　제 난 호

조유(曹劉)[73]의 필력으로도 좋은 이름을 짓기 어렵고

顧陸丹靑畫未堪
고 육 단 청 화 미 감

---

72) 한묵(翰墨): 문한(文翰)과 필묵(筆墨)이라는 뜻으로, 글을 짓거나 쓰는 것을 이르는 말.

73) 조유(曹劉): 중국 위(魏)나라의 조식(曹植)과 유정(劉楨)을 말함 이들은 모두 당대의 문장가로서 독특한 문체를 이루어 조유체(曹劉體)가 생겼다.

고육(顧陸)74)의 단청으로도 그리기 어렵네.

勝槩也應魁宇內
승 개 야 응 괴 우 내

뛰어난 경치는 천하(天下)의 으뜸이 될 만하고,

美名奚獨隻江南
미 명 해 독 척 강 남

아름다운 이름이야 어찌 강남에서만 빼어났으리.

坐禪行道今猶古
좌 선 행 도 금 유 고

좌선암(坐禪岩)과 행도석(行道石)은 지금도 예와 같은데

二老並師只是三
이 노 병 사 지 시 삼

두 분 국가의 원로(도선국사와 진각국사)와 함께 스승님(원오국사)을 합하
니 곧 셋이 되었네.

주(註): 게구(揭句)에 나오는 능허(凌虛)는 선석암의 아름다움을 저 유
명한 중국의 능허대(凌虛臺)에 견준 것, 즉 진희량(陳希亮)의 부탁으로
소식(蘇軾)75)이 지은 능허대기(凌虛臺記)를 비유한 것이다.

즉 원감국사가 소동파의 고사를 인용한 것은, 스승인 원오국사의
부탁으로 선석암의 글을 짓는 자신의 난감함을 진희량의 부탁으로
능허대기를 쓴 소동파에 비유한 것이라 할 수 있다.

---

74) 고육(顧陸): 중국 동진(東晉) 때의 화가. 고개지(顧愷之, 344년~406년경)와 중국 남북조
   시대 송나라의 화가 육탐미(陸探微)와 함께 일컫는 말.

75) 소식(蘇軾, 1036~1101): 중국 북송(北宋) 때 정치가·문학자. 자는 자첨(子瞻), 호는 동
   파거사(東坡居士). 쓰촨성[四川省(사천성)] 메이산현[眉山縣(미산현)] 출생. 소식은 송나라
   때뿐만 아니라 중국의 근세를 대표하는 사대부이며 당송팔대가의 한 사람으로, 이지적 학자
   이면서 섬세한 감각의 시인이었다. 소순(蘇洵)의 아들로 태어나 21세에 동생 철(轍)과 함께
   문과에 급제했고, 26세 때 제과(制科)에 합격, 등용되어 펑샹부[鳳翔府(봉상부)] 사무관이
   되었다. 곧 중앙정부로 옮겼으나, 그때 신종황제가 왕안석(王安石) 등을 기용해 재정혁신법
   을 추진하는 데 반대해 지방관으로 좌천되었다. 후저우[湖州(호주)] 지사로 있던 44세 때, 시
   문으로 조정을 비방하였다 하여 사형을 받을 위기에 놓였으나 황제의 은총으로 죽음을 면하
   고 황저우[黃州(황주)]로 유배되었다. 그곳에서 작품 ≪적벽부(赤壁賦)≫를 써 내어 동파거
   사라는 호를 받았다. 철종황제 때 구법(舊法)이 복고되면서 예부상서까지 이르렀으나 다시
   신법이 부활되자 하이난[海南(해남)]섬으로 유배되었다. 이 유배에서 풀려나 귀향하던 길에
   장쑤성[江蘇省(강소성)] 창저우[常州(상주)]에서 죽었다. 저서로 ≪동파칠집≫이 있다.

　그러나 선석암((禪石庵) 현 산신각)은 "소라처럼 한 바퀴 빙 돌아가야 하는 높고 험한 산마루에 기이하게 생긴 바위들이 여섯 폭 병풍처럼 에워싸고 있다"는 원감국사의 게구(揭句)와 똑같이 한 바퀴 빙 돌아 올라간 산봉우리에 여섯 개의 암벽이 둘러서 있고, 지금은 산신각 앞 절벽을 콘크리트 슬래브76)로 넓혀 놓았지만, 그 터의 빼어남은 말할 것도 없거니와 잔수강(섬진강)과 구례읍 그리고 지리산을 한눈에 보는 전경은 가히 신선의 경치다.

원감국사가 본 선석암(禪石庵) 전경

원감국사의 시구(詩句)와 똑같이 한 바퀴 빙 돌아 올라간 산봉우리에 여섯 개의 암벽이 둘러서 있고, 지금은 산신각 앞 절벽을 콘크리트 슬래브로 넓혀 놓았지만 그 전경만은 가히 절경이다.

---

76) 슬래브[slab]: ① ≪건축≫ 바닥이나 지붕을 한 장의 판처럼 콘크리트로 만든 구조. ② ≪체육≫ 등산 용어. 한 덩어리로 된 큰 바위.

曼室曰 先覺開基始創하고 眞覺老結修하며 盧公이 再創하야
만 실 왈 선 각 개 기 시 창　　진 각 노 결 수　　　　노 공　　재 창

圓鑑國老가 並居하니 是爲四聖이 必矣라
원 감 국 노　　병 거　　시 위 사 성　　필 의

나 만실(曼室)의 생각도 도선국사께서 처음 이곳에 터를 닦고 절을 창건

하신 후 진각국사께서 중수를 하셨으며 원오국사께서 다시 중창하시고 원

감국사께서 함께 살았으니, 이 네 분들이 성인(聖人)임에 틀림이 없다.

주(註): 사적 원문에 '만실왈(曼室曰)'이라 한 연유로 얼핏 보면 사성

암사적을 제3자가 기술한 것으로 보이지만, 여기서의 '만실왈'은 일

인칭으로 만실스님 자신의 생각을 말하는 것이다.

여기서 눈여겨볼 것은 사성암사적 서두에서 화엄사사적을 인용하

여 원효·의상·도선·진각 네 분 스님을 사성(四聖)이라고 하였음

에도 불구하고, 화엄사 만실스님은 도선국사·진각국사·원오국

사·원감국사, 이 네 분 스님을 사성이라고 하였는데, 이는 만실스

님의 주관적인 기록일 뿐 특별한 의미는 없지만, 역사적 관점에서

보면 원효대사와 의상대사를 제외한 만실스님의 견해가 역사의 사

실에 부합하는 합리적인 사고다.

寓居禪石庵觀種竹
우 거 선 석 암 관 종 죽

선석암에 살면서 대나무를 심어 놓고 관상함

移植亭亭竹一竿
이 식 정 정 죽 일 간

옮겨 심은 정정한 대나무 한 줄기

愛看千尺倚巖間
애 간 천 척 의 암 간

바위틈에 높이 뻗은 것이 바라보기 좋았는데

夜來風雨鳴蕭瑟
야 래 풍 우 명 소 슬

밤이 들어 비바람에 우는 소리 쓸쓸한 것이

似泊湘江渭水灣
사 박 상 강 위 수 만

상강(湘江)77)과 위수(渭水)78)의 강가에서 자는 것 같네.

주(註): 위 시는 현 사성암 산신각의 터에 선석암이라는 암자를 지어 놓고 살면서 바위틈 공간에 대나무를 심어 놓고 좋아했는데, 밤이 되어 비바람에 댓잎이 부딪치며 서걱거리는 소리를 들으며 지은 것이고, 지금의 사성암 대나무 숲은 처음 원감국사가 심은 이 한 그루 대나무였음을 말해 주는 기록이다.

庵主出山不返作句寄之
암 주 출 산 불 반 작 구 기 지

암주(庵主 원오국사)가 산을 내려가 돌아오지 않기에 글을 지어 보내다

老人79)出山去
노 인　　출 산 거

원오국사께서 산을 내려가신 뒤로

禪石已生埃
선 석 이 생 애

선석암에는 어느새 먼지가 끼었습니다.

爲報急廻錫
위 보 급 회 석

알리오니 빨리 그 지팡이를 돌려

無令猿鶴哀
무 령 원 학 애

저 원숭이와 두루미를 슬프게 하지 마소서

---

77) 상강(湘江): 중국(中國) 호남성(湖南省)에 있는 강. 남령에서 발원하여 북으로 흘러 호남성(湖南省)에 들어가 동정호(洞庭湖)에 이름. 상수(湘水) 길이 1,150km.

78) 위수(渭水): 감숙성(甘肅省) 위원현(渭源縣) 서북쪽 조서산(鳥鼠山)에서 발원하여 섬서성(陝西省)을 거쳐 낙수(洛水)와 합쳐진 뒤 황하(黃河)로 유입되는 강.

79) 노인(老人): 원오국사의 호.

禪餘得句書示同袍
선 여 득 구 서 시 동 포

참선하는 틈에 시를 지어 대중들을 경계하다

塵刹都盧在一庵
진 찰 도 로 재 일 암

티끌 같은 세계가 이 한 암자에 있으니

不離方丈[80]遍詢南
불 리 방 장　　편 순 남

방장실(方丈室)을 떠나지 않고 저 남방을 두루 돌아다녔네.

善財[81]何用勤劬甚
선 재　　하 용 근 구 심

선재동자(善財童子)는 무엇하러 못내 고생하면서

百十城中枉歷參
백 십 성 중 왕 력 참

백십성(百十城)을 두루 힘들게 찾았던고.

作偈寄禪石禪老
작 게 기 선 석 선 노

게송을 지어 선석암 선노(禪老 원오국사)에게 드리다

一朵危峯石作堆
일 타 위 봉 석 작 퇴

한 떨기 꽃처럼 우뚝한 봉우리는 돌로 이루어졌고

翠岩環例似屏開
취 암 환 례 사 병 개

빙 둘러 있는 푸른 바위는 펼쳐 놓은 병풍과 같네.

---

80) 방장(方丈): 〈명사〉 ≪불교≫ ① 화상·국사·주실 등 지위가 높은 승려의 처소. ② 주지(住持).

81) 선재(善財): 선재동자(善財童子). 불교신앙의 모범이 되는 구도자. ≪화엄경≫ 입법계품(入法界品)에 나오는 구도자의 이름이다. 그는 53명의 선지식(善知識)을 찾아 천하를 역방(歷訪)하다가. 마지막으로 보현보살(普賢菩薩)을 만나서 그의 십대원(十大願)을 듣는다. 그 공덕으로 아미타불의 국토에 왕생하여 입법계(入法界)의 큰 뜻을 이루었다고 한다. 한국에서는 이 구도의 이상을 불교도입 시초부터 존중해 온 흔적이 짙으며, 자장(慈藏)은 선재동자의 구도행각을 본받기 위하여 선재가 만났다는 53명을 상징하는 오십삼선지수(五十三善知樹)를 뜰에 심었다. 화랑이 산수를 찾아 각처를 돌아다니며 심신을 연마한 것도 선재동자의 구법행각과 연관된 것으로 해석된다.

羨師解解安禪地
선 사 해 해 안 선 지

부러워라. 스님은 모든 것 벗어 버리고 선지(禪地)에 편히 들어

獨結茅茨養聖胎
독 결 모 자 양 성 태

홀로 초막을 지으시고 성태(聖胎)[82]를 기르시네.

此庵主人을 迄至韓末히 自松廣寺로 僧侶가 交代出入하니라
차 암 주 인　　흘 지 한 말　　자 송 광 사　　승 려　　교 대 출 입

이 사성암의 주지는 한말(韓末)에 이르기까지 송광사(松廣寺) 승려들이 교
대로 드나들며 역임하였다.

佛紀 二九九二年 乙巳 重陽節 華嚴寺 雲坡門人 曼室病老
불 기　이 구 구 이 년　을 사　중 양 절　화 엄 사　운 파 문 인　만 실 병 노

手載而書存
수 재 이 서 존

불기(佛紀) 2992(서기 1965)년 을사(乙巳) 중양절(重陽節)[83]에 화엄사
(華嚴寺) 운파문인(雲坡門人) 만실(曼室)스님이 늙고 병든 몸으로 손수
기재(記載)하여 둔 것을 서책으로 만들어 보존한다.

　주(註): 사적 끝에 "만실병노(曼室病老) 수재이서존(手載而書存) 만실스
님이 늙고 병든 몸으로 손수 기재하여 둔 것을 서책으로 만들어 보존
한다" 한 것은 1965년 화엄사에서 관할 말사의 관리 차원에서 만실스
님이 써 놓은 사성암사적을 책으로 만들어 보존한다는 기록이다.

　즉 이 사성암사적은 사성암에서 간행한 것이 아니고 정확한 인적
사항을 알 수는 없지만 한말 이후 만실스님이 써 놓은 것을 1965년
화엄사에서 간행한 것이다.

　여기서 주목할 내용은 "이 사성암의 주지(住持)는 한말(韓末)에 이르
기까지 송광사 승려들이 교대로 드나들며 역임하였다" 했는데, 이것
은 화엄사의 기록과는 달리 역대로 교종(敎宗)으로 대표되는 화엄사

---

82) 성태(聖胎): 부처의 씨앗.

83) 중양절(重陽節): 〈명사〉 옛 명절의 하나. 음력 구월 구일.

한 떨기 꽃 같은 선석암(禪石庵) 바위봉우리

"한 떨기 꽃처럼 우뚝한 봉우리는 돌로 이루어졌고, 빙 둘러 있는 푸른 바위는 펼쳐 놓은 병풍과 같다"는 원감국사의 시어(詩語)대로 한 폭의 아름다운 그림이다.

의 관할이 아니었으며, 혜철국사와 도선국사 이후 선종(禪宗)으로 대표되는 태안사와 송광사의 관할이었다는 기록으로 시사(示唆)하는 바가 매우 크다.

대대로 이름난 고승대덕들이 즐겨 찾는 참선과 기도의 도량인 사성암이 비록 표면적으로는 화엄사의 관할 암자였으나, 송광사 승려들이 그 주지직을 역임하였다는 것은, 혜철국사와 도선국사 이후 묵시적으로 내려온 전통이었을 것으로 보인다.

사성암에 관한 이러한 일들은 태안사사적과 송광사사적을 보면 선종이라는 그 전통과 뿌리가 같고, 승려들의 교류와 각종 불사(佛事)가 상호 협조하여 이루어졌음이 두 사찰의 사적에 잘 나타나 있다.

특히 조선시대 유학을 숭상하고 불교를 탄압하는 숭유억불정책(崇儒抑佛政策)으로 태안사의 사세(寺勢)가 기운 이후에도, 송광사 승려들에게 있어서 태안사는 보호해야 할 성역이었으며, 이러한 일들은 일제치하에서 송광사 승려들이 민족정신을 일깨워 나라의 독립을 쟁취하기 위해 혜철국사의 비(碑)를 세우고, 태안사를 복원한 기록 등에서 확인할 수가 있다.

【부연하면, 일제강점기 송광사 승려들은 곡성의 독립운동 세력들과 협력하여 태안사에서 태극기를 제작 인근 각 고을로 반출 섬진강 유역의 3·1만세운동을 주도하였다.】

1918년 이능화가 쓴 조선불교통사를 보면, 당시 태안사는 송광사의 말사였으며, 1911년 6월 3일 총독부 사찰령에 의한 본말사법이 제정되어, 구례 화엄사를 순천 선암사(仙巖寺)의 말사로 예속시켰을 때 사성암[당시 오산사(鰲山寺)로 기록되어 있음]은 천은사(泉隱寺), 연곡사(鷰谷寺)와 함께 강력하게 저항하는 화엄사와 뜻을 같이하였다 하였고, 총독부가 사찰령 시행규칙 제2조 본말사 주지 임면 조항을 수정하여, 1924년 11월 20일자로 화엄사를 제31본사로 승격시켜 행정적으로 사성암의 관할과 주지 임면권(任免權)이 화엄사로 이관되었으니, 한말 이후 사성암 관할권이 송광사에서 화엄사로 이관되었다는 기록이 사실이며, 이때 오산사를 사성암으로 바꾼 것으로 보인다.

비록 화엄사가 옛날에도 오산 암자를 사성암이라 칭하기는 했지만, 모든 것이 혼란스러운 일제 강점기에 굳이 검증되지 않은 원효대사와 의상대사를 끌어들여 네 사람의 성인(聖人)이 수도했다는 사성암(四聖庵)으로 개명하여 이른바 화려한 역사를 내세운 것은, 사찰령을 공포 민족정신의 뿌리이며, 민심을 주도하고 있는 불교를 통제하려는 총독부에 15년 동안 저항하면서, 다른 한편으로는 총독부에 협조하고 있는 선암사와 본사를 두고 치열하게 다투는 과정에서

1917년 10월 화엄사 주지 박포월 스님 등이 "지리산화엄사사격원유(智異山華嚴寺寺格原由)"라는 제하의 문서를 총독부에 제출한 사례에서 보듯이, 선암사보다 화엄사의 역사가 더 오래되었고, 절의 규모가 크다는 것을 입증하기 위한 방편, 즉 화엄사의 독립성을 확보하기 위한 전략이었을 것으로 보인다.

아울러 권상로(權相老)[84]가 쓴 한국사찰사전(韓國寺刹事典)에는 사성암은 1941년 4월 23일 총독부령 125호로 제정된 조선불교 조계종 태고사사법(太古寺寺法)으로 화엄사 말사로 등록되어 있지만, 일제 강점기 1935년부터 90년대까지 이 사성암을 지켜 온 것은 김경여(경례) 보살이라는 한 여인의 한과 사랑이었다.

1915년 지금의 전북 남원시 아영면 성리(城里 일명, 흥부마을)에서 출생한 김경여 보살이 17세에 일제의 정신대(挺身隊)[85] 강제모집을 피해

---

84) 권상로(權相老, 1879~1965): 불교학자·승려. 호는 퇴경(退耕)·퇴경당(退耕堂). 경상북도 문경(聞慶) 출생. 광복 후 동국 대학교 초대 총장으로 지냈으며, 저서로는 ≪조선 불교약사≫, ≪조선 선교사≫, ≪조선 종교사≫, ≪한국 지명 연혁고≫가 있다.

85) 정신대(挺身隊): 1937년 중·일 전쟁으로부터 1945년 태평양전쟁에 이르기까지 일제가 강제로 동원·관리한 한국인여성근로자와 종군위안부를 일컫는 말. 12~40세의 여성들을 대상으로 하여, 초기에는 여공·식당종업원 모집 등을 구실로, 1938~1942년 무렵에는 간호보조·군부대잡역·여자특수군속 등의 명목으로 동원하였다. 동원된 사람들 가운데 일부는 일본의 군수공장에서 강제 노역하였고, 대부분은 일본군이 주둔하는 곳에 배치되어 위안부생활을 강요당하였다. 1992년 정신대의 고용조건·동원권자·의무규정 등을 명시하고 있는 일왕칙령 제519호 〈여자정신근로령(1944년 8월 22일 공포)〉이 발견되어, 일본정부가 태평양전쟁 당시 한반도 전역에서 조직적으로 정신대원을 징발하였음이 밝혀졌다. 여기에는 대만·일본의 여성도 정신대의 대상에 포함되고 있으나, 한국에서 약 20만 명이 강제 징발당해 실제로는 종군위안부의 대부분이 한국인이었던 것으로 짐작된다. 일본군은 관리규칙을 만들어 위안소를 직접 관리·감독하였는데 패전 뒤에는 전선에 그대로 방치한 경우가 많았다. 또한 한국으로 돌아온 사람들의 대부분은 정신적·육체적 고통 속에서 힘든 생활을 영위하는 등 그 후유증에 시달리고 있다. 일본 정부는 그동안 정신대 문제가 제기될 때마다 일본군의 관여를 부인해 왔으나 1989년부터 종군위안부의 증언이 잇따르고 1992년에 일본군이 직접 관여했다는 일본군의 문서자료, 미국의 심문자료 등이 잇따라 발표되자 7월 처음으로 군의 관여를 인정했다. 국내에서는 1990년 한국정신대문제대책협의회가 발족돼 일본정부에 진상규명과 사과 배상을 요구하는 등 활발한 활동을 벌이고 있으며 1992년 7월 정부는 〈일제하 군대위안부 실태조사보고서〉를 냈다. 또한 1992년에는 한국을 비롯하여 대만·필리핀

아버지와 인연이 있는 화엄사에 몸을 의탁하여 숨어 지내다 20세 (1935년)에 이 사성암에서 이용산 스님과 부부의 연을 맺은 후 사실상 폐허가 된 사성암을 다시 일으키기 위하여 당시 운봉(雲峰)의 부자였던 친정집에서 논 다섯 마지기를 팔아다 중창한 이후 최근까지 온몸으로 지켜 온 암자였다.

【부연하면, 일제 강점기 총독부가 조선의 정신문화 말살정책의 일환으로 불교의 일본화를 강요하여 승려들이 결혼하고 고기를 먹는 '대처식육(帶妻食肉)'이 일반화되어 있어서 김경여 보살과 이용산 스님의 결혼은 합법적인 것이었으며, 무엇보다도 이용산 스님과의 결혼은 김경여 보살이 정신대로 끌려가지 않으려는 자구책이었다.】

해방 후 여순반란사건(麗順叛亂事件)[86]과 6·25 그리고 한국불교의 일대사였던 종단의 정화불사(淨化佛事)를 치르면서 법당에는 별이 들고, 요사채 아궁이는 궁기(窮期)가 들어 나무꾼들의 쉼터로 변해 가던 화엄사를 대가람으로 중흥시켜 오늘에 이어 준 도광선사(導光禪師)로부터 80년대 초 필자가 들은 바에 의하면, 화엄사가 김경여 보살에게 사성암을 배려한 것은, 일제 강점기는 물론 해방 후 격변의 소용돌이 속에서 끝끝내 사성암을 위해 헌신하며 지켜 온 보살의 공덕에 보답하여 여생을 사성암과 함께하라는 배려(配慮)였으며, 도광선사의 열반 후에는 문도(門徒)들이 그 뜻을 이었다.

등 6개국이 참가한 정신대문제 아시아연대회의가 서울에서 열려 공동대처를 결의했고 유엔 인권위원회 소위 16의제(현대판 노예제도) 실무그룹은 정신대의 피해 실상에 관한 자료를 수집하기로 결의했다. 또한 1993년 11월에는 평양에서 '일본의 전후처리문제에 관한 국제 토론회'가 개최되어 정신대문제 및 일본과의 관계 재정립에 남북이 공동 참여하는 모습을 보였다. 한편 한국인 종군위안부들이 일본 정부를 상대로 배상소송을 제기, 한반도 식민통치에 대한 일본의 전후책임을 묻는 재판이 일본법정에서 진행 중이다.

86) 여순반란사건(麗順叛亂事件): 1948년 10월 20일 전라남도 여수에서 주둔하던 국군 제14 연대 소속 좌익계열 군인들이 일으킨 반란사건.

그러나 안타깝게도 한평생을 사성암을 떠나지 않고 지켜 온 김 보살은 1990년대 말 사성암을 사유(私有)하려고 백운산을 넘어온 사술(邪術)에 의해 새장에 갇히는 늙은 새가 되어 산을 내려가 2007년 8월 93세를 일기로 쓸쓸히 이승을 떠났는데, 최근 사성암의 관할권을 되찾은 화엄사에서 한평생 사성암을 위해 헌신한 김경여 보살의 공로와 명예를 회복시켜 다시 오산의 역사를 이어 가니, 그동안 입이 있어도 말하지 못했던 많은 이들이 애통한 가슴을 쓸어내리며 제 일처럼 기뻐하였다.

김경여 보살이 한 평생 지켜온 사성암 본당

옥룡사 도선국사 비음기에 "대중 12년(858) 구례현에 도선사(道詵寺)를 세웠다"는 기록 그대로 처음 858년 혜철국사가 도선국사에게 산천비보(山川裨補)를 전수하며 지은 도선사이고, 아미타부처님을 모셨던 법당이며, 김경여 보살이 한평생 지켜 온 사성암 본당이다.

　　지금은 옛 모습을 찾을 수 없지만, 사성암은 처음 오산 동쪽 암벽에 약사여래를 모시고 미점사와 도선사를 세워 산을 비보하여 고려를 창업게 한 혜철국사의 관점에서 보면, 사성암 본당 즉 도선사 법당은 극락전(極樂殿)이고, 주불(主佛)은 아미타(阿彌陀)[87]부처님이었을 것으로 보인다.

　　무엇보다도 사성암 본당 좌측 암벽에는 언제인지 알 수는 없지만 53불(佛)[88]을 모셨다는 기록이 있고, 고려시대 원감국사(1226~1292)가 여기 사성암에서 선재동자(善財童子)의 행각을 노래한 것으로 보거나, 6·25 당시 1950년 8월 6일 공비(共匪)[89]들의 참혹한 학살과 방화로 불타 버린 동리산 태안사에서 간신히 참화를 면한 아미타불과 53불을 이 험한 오산 사성암으로 모셔 왔다는 전언(傳言)으로 보아, 사성암 본당은 아미타부처님을 모시는 극락전이었을 것으로 보인다.

　　동리산은 오산 사성암에서 남서쪽 강 건너, 즉 구례역 뒤편으로 이어진 산이며, 태안사는 그 산 정상 너머에 있고, 6·25 당시 인민군들이 퇴각한 이후에도 구례는 지리산 빨치산들의 극렬한 준동으로 한발 앞이 죽음이었는데, 그런 혼란한 세월에 화엄사와 송광사를 비롯한 대형 사찰들이 인근에 있음에도 불구하고, 동리산을 넘고 강을 건너 이 험한 오산 봉우리까지 아미타부처님과 53불을 모셔 왔다는 것은, 오산 사성암이 아미타도량이었음을 증명하는 것이다.

---

87) 아미타(阿彌陀): 〈명사〉 ≪불교≫ 서방정토에 있다는 부처 이름. 모든 중생을 제도하겠다는 큰 원을 품었다고 하며, 이 부처를 염하면 죽어서 극락세계에 간다고 한다. 〈동의어〉 무량수불. 미타. 미타불. 아미타불. 타불. 대승불교의 부처 가운데 가장 중요한 부처다.

88) 53불(佛): 화엄경(華嚴經) 입법계품(入法界品)에 등장하는 선재동자(善財童子)가 찾아간 스승이었던 53선지식을 상징한다는 설과 무량수경(無量壽經)에 나오는 과거불사상(過去佛思想)에서 유래했다는 설. 또는 53지위점차(地位漸次)를 의미한다는 설이 있다.

89) 공비(共匪): 〈명사〉 공산당 유격대원. 〈동의어〉 적비(赤匪).

그러나 최근 사성암을 사유하려 했었던 사술에 의해 사성암의 역사가 왜곡되고 신성한 도량이 파헤쳐지면서 극락세계 정토를 상징하는 아미타부처님과 53불을 모시던 법당은 간 곳이 없고, 난데없이 지장보살(地藏菩薩)90)을 모신 지장전(地藏殿)이 되어 버렸는데, 비록 도량(道場)은 인연에 따라 변해 가도, 정법(正法)은 시운(時運)91)과 관계되지 않는 것이 진리이니, 더 늦기 전에 정법을 전하는 도량으로 바로 세워야 할 것이다.

<오산 사성암사적과 해석에서 발췌>

여기까지가 만실스님이 쓴 오산 사성암사적과 필자의 해석이며, 만실스님이 한말 이후 일제 강점기부터 지금까지 있었던 일들을 필자가 알고 있는 사실 그대로를 기술한 것이다.

지금까지 살펴본 바 그대로 만실스님이 잘못 알고 오기(誤記)한 것도 있지만, 한 가지 분명한 사실은 구례 오산 사성암은 처음 혜철국사가 도선국사에게 산천비보를 교육·전수하면서 세운 도선사(道詵

---

90) 지장보살(地藏菩薩): 오탁악세(五濁惡世)에서 중생의 구제활동을 하는 보살. 산스크리트로는 크시티가르바(Ksitigarbha)라고 하는데, '대지를 모태로 하는 것'이라는 뜻으로 생명을 낳고 기르는 대지와 같은 능력을 가진 보살을 상징한 것이다. 일체중생(一切衆生)에게 불성(佛性)이 있다고 보는 여래장사상(如來藏思想)과 관련하여 대승불교(大乘佛敎)의 후기에 나타났다. ≪지장보살본원경(地藏菩薩本願經)≫에 따르면, 지장보살은 석가여래의 부촉에 따라 육도(六道)의 모든 중생이 성불하기 전에는 자신도 성불하는 것을 연기하고 보살로 머무르면서 중생의 죄고(罪苦)를 씻기에 전력할 것을 본원으로 한다고 하였다. 이 세상의 모든 중생의 운명은 전생의 업에 의하여 이미 결정되어 있다는 업보사상이 불교의 일반설이지만 지장보살에게는 적용되지 않는다. 즉 지장보살은 정해진 업도 모두 소멸시키는 힘을 가지고 있으므로, 지장보살에게 귀의하여 해탈을 구하면 악도를 벗어나 구제를 받을 수 있다는 것이다. 한국에서는 일찍부터 모든 중생을 지옥의 고통에서 구해 주는 지장보살에 대한 신앙이 성행하였는데, 지장보살은 육도윤회를 심판하는 구세주로 등장하였고, 사찰에서는 명부전(冥府殿)의 주존으로 신봉하게 되었다. 지장보살의 정형적 도상은 천관(天冠)을 쓰고 가사를 입었으며, 왼손에 연꽃을, 오른손은 시무외인(施無畏印)의 형상으로 묘사되었으나, 한국에서는 삭발한 머리에 석장(錫杖)을 짚고 여의주를 들고 있는 모습으로 많이 묘사된다.

91) 시운(時運): 〈명사〉 때의 운수. ¶ 좋은 ~을 타고났다. ~이 나쁘다. ~이 형통하리라.

寺)였으며, 도선사는 삼수(三水), 즉 섬진강과 보성강이 합하는 압록(鴨綠)을 중심으로 본사(本寺)인 동리산(桐裏山) 태안사(泰安寺) 그리고 논곡리(論谷里 가정리) 천마산(天馬山) 황룡사(黃龍寺)와 함께 삼태극(三太極)의 핵심으로 혜철국사가 세상을 구할 도참을 도선국사에게 전하여 왕건으로 하여금 삼한을 통일하여 고려를 창업케 한 역사의 현장이며, 고려 말 진각국사가 선문염송을 집필하여 한국불교의 역사와 그 자존심을 밝혀 주는 성스러운 현장이다.

끝으로 필자가 지난 1월 10일 혜철국사가 동리산 태안사에 주장자를 세우고 한 송이 회삼귀일(會三歸一)의 연꽃으로 치켜든 섬진강 통합사상 삼한통일의 역사를 정리한 "동리산(桐裏山) 사문비보(沙門裨補)"를 출간하여 태안사의 역사를 밝히고, 이제 섬진강 통합사상의 한 축이었던 여기 오산에 올라 찬란했던 오산의 역사를 정리하면서 만실스님이 쓴 사적 그대로 원문(原文)에 직역(直譯)만 하여 놓을까 생각했지만, 굳이 필요한 문헌들을 구하고 현장들을 답사, 조사하여 사적을 해석한 것은, 만실스님이 쓴 이 사성암 사적은 오류가 너무 많아 정확한 고증이 필요하고, 오늘날 잘못 왜곡된 사성암, 즉 오산의 역사를 바로 세우기 위해서는 누군가는 반드시 해야 할 일이었기에 훗날 혜철국사가 섬진강 푸른 물에 띄운 한 송이 연꽃인 섬진강 통합사상 삼한통일의 역사에 관심을 가지고 섬진강을 오르내릴 후인들을 위해 내 비록 머리에 서리를 이고 병든 몸이지만, 마음의 정성을 보인 것이니, 보는 이들은 혜철국사가 섬진강 푸른 물에 띄워 놓은 삼한통합사상 회삼귀일이라는 한 송이 연꽃만 보고 감상할 뿐 특별한 오해가 없기를 바란다.

제5장

천도사(穿道寺)는 사성암이다

세상에는 도선국사 비문으로 1149년 의종의 명으로 최유청(崔惟淸)이 비문을 짓고, 정서(鄭敍)[1]가 글을 쓰고, 1150년 개성 국청사(國淸寺)[2]에서 승려 처실(處實)이 본문을 비에 새긴 뒤, 1172년 10월 19일 광양 백계산 옥룡사로 옮겨 비를 세우고, 1173년 다시 최유청이 지은 비음기(碑陰記)를 돌에 새겨 완성한 이후 539년이 지난 뒤 1712년 3월 옥룡사에서 간행한 원문(原文)으로 "해동 백계산 옥룡사 증시 선각국사비명병서(海東 白鷄山 玉龍寺 贈諡 先覺國師碑銘幷序)"의 진본(眞本)인 "옥룡사본(玉龍寺本)"과 어느 때 누가 필사한 것인지 알 수 없지만 "백계산 옥룡사 증시 선각국사비명(白鷄山 玉龍寺 贈諡 先覺國師碑銘)"으로 "동문선(東文選)[3]"에 전해지는 "동문선본(東文選本)" 2가지가 있는데, 이 두 본을

---

1) 정서(鄭敍, ?~?): 고려시대 문인. 호는 과정(瓜亭). 본관은 동래(東萊). 인종비 공예태후(恭睿太后)의 동생 남편으로, 왕의 총애를 받았으며 음보로 내시낭중(內侍郎中)을 지냈다. 1151년(의종 5) 정함·김존중(金存中)의 참소로 동래에 유배되었다가 1170년(의종 24) 풀려났다. 문장과 그림에 뛰어났다. 유배지에서의 연군(戀君)의 정을 읊은 〈정과정곡〉이 ≪악학궤범≫에 실려 전한다. 저서로 ≪과정잡서(瓜亭雜書)≫가 있다.

2) 국청사(國淸寺): 황해북도 개풍군(開豊郡)에 있던 절. 1089년(선종 6) 인예태후(仁睿太后)의 원(願)에 의해 지은 천태종(天台宗)의 큰 절이다. 고려 말에 몽골의 침입으로 건물은 불타 없어지고 그 터가 개성(開城)에 남아 있다.

3) 동문선(東文選): 성종의 명으로 1478년(성종 9)에 편찬된 역대 시문선집. 대제학 서거정(徐

자세히 살펴보면 오기(誤記), 오역(誤譯)이라고 할 수 없는 몇 자 다름
이 있으며, 이 가운데 도선국사의 수계(受戒)에 관한 부분이 다른 것
은 중대한 문제다.

【부연하면, 도선국사에 관한 비문으로 1653년(효종(孝宗) 4) 국사의
고향인 영암 월출산 도갑사에 세운 도선수미비(道詵守眉碑)4)는 조선시
대에 떠돌던 이야기들을 아무런 사실 확인도 없이 소설을 써서 세운
것으로, 조선시대 대형 석조물의 미술사적인 가치 이외에 도선국사
에 관한 내용은 일고의 가치도 없는 허구이며, 이후 1697년 간행된
구례 화엄사사적에 전하는 내용 역시 "최유청이 지은 옥룡사 비문"
이라고 기술해 놓고, 동문선본을 가져다가 화엄사의 역사로 각색(脚
色)5)하여 버렸으며, 태안사본은 일제 강점기에 화엄사본을 참고 자

居正)이 중심이 되어 노사신(盧思愼)·강희맹(姜希孟)·양성지(梁誠之) 등 찬집관 23명이 편
찬하였다. 《동문선》은 이 책 외에 신용개(申用漑) 등에 의하여 편찬된 것을 《속동문선》,
송상기(宋相琦) 등에 의하여 편찬된 것을 신찬 《동문선》이라고 한다. 목록 상권 첫머리에 서
거정의 서문과 양성지의 〈진동문선전(進東文選箋)〉이 실려 있다. 내용을 보면 권1~3은 사(
辭)·부(賦), 권4·5는 오언고시, 권6~8은 칠언고시, 권9·10은 오언율시, 권11은 오언배
율, 권12~17은 칠언율시, 권18은 칠언배율, 권19~22는 오언절구·칠언절구, 권23~30
은 조칙(詔勅)·교서(敎書)·제고(制誥)·책문(册文)·비답(批答), 권31~45는 표전(表箋)·
비답, 권46~48은 계(啓)·장(狀), 권49~51은 노포(露布)·격서(檄書)·잠(箴)·명(銘)·
송(頌)·찬(贊), 권52~56은 주의(奏議)·차자(箚子)·잡문, 권57~63은 서독(書牘), 권64
~95는 기·서(序), 권96~98은 설(說), 권99는 논(論), 권100·101은 전(傳), 권102·
103은 발(跋), 권104는 치어(致語), 권105는 변(辯)·대(對)·지(志)·원(原), 권106은 첩
(牒)·의(議), 권107은 잡저, 권108은 책제(策題)·상량문, 권109~113은 제문·축문·소
문(疏文), 권114는 도량문·재사(齋詞), 권115는 청사(靑詞), 권116~121은 애사(哀詞)·
뇌·행장·비명(碑銘), 권122~130은 묘지(墓誌) 등이다. 문체는 55종이며, 신라의 최치원
(崔致遠) 등 약 500명에 달하는 작가의 작품 4302편을 수록하였다. 130권, 목록 3권, 합
45책. 활자본·목판본. 규장각도서, 국립중앙도서관 소장.

4) 도선수미비(道詵守眉碑): 전라남도 영암군 군서면 도갑리에 있는 도갑사를 창건한 도선국사
   와 중창한 수미선사의 행적을 기록한 비. 2004년 1월 26일 보물 제1395호로 지정되었다.
   이 석비는 귀부(龜趺)와 비신(碑身) 이수를 모두 갖춘 전형적인 것으로 도선국사와 수미선사
   를 추모하는 비이다.

5) 각색(脚色) 〈명사〉 ① 소설·서사시·전설 따위를 각본으로 고쳐 쓰는 일. ② 어떤 사실을
   다른 인상을 띠게 달리 표현하는 일. 〈참고〉 윤색. 각색-하다. 〈타동사〉〈여불규칙활용〉 ¶ 소설
   '임진왜란'을 각색한 영화.

료로 챙겨 놓은 것에 불과한 것으로 의미가 없다.】

다음은 이에 관한 진본인 옥룡사본과 필사본인 동문선본에서 발췌한 내용이다.

年二十三　受具戒於慧哲大師
년 이 십 삼　수 구 계 어 혜 철 대 사

나이 23세(850년)에 혜철대사(慧哲大師)에게 구족계(具足戒)를 받았다.

　- 중간 생략 -

或於雲峰山上　穿洞安禪　或於太伯岩前　結芽坐夏
혹 어 운 봉 산 상　천 동 안 선　혹 어 태 백 암 전　결 아 좌 하

어느 때는 구름 낀 산봉우리 위 바위굴(천동 穿洞) 속에서 고요히 앉아 참선
을 하고 여름에는 커다란 바위 앞에 초막(草幕)을 지어 참선을 하기도 하였다.

〈옥룡사본에서 발췌〉

年二十三　受具戒於穿道寺
년 이 십 삼　수 구 계 어 천 도 사

나이 23세(850년)에 천도사(穿道寺)에서 구족계(具足戒)를 받았다.

　- 중간 생략 -

或於雲峯山下　穿洞安禪　或於　太伯岩前　結芽坐夏
혹 어 운 봉 산 하　천 동 안 선　혹 어　태 백 암 전　결 아 좌 하

어느 때는 구름 낀 산봉우리 아래 바위굴(천동 穿洞) 속에서 고요히 앉아 참선
을 하고 여름에는 커다란 바위 앞에 초막(草幕)을 지어 참선을 하기도 하였다.

〈동문선본에서 발췌〉

위 진본인 옥룡사본과 필사한 동문선본을 대조하여 보면, "수구계
어혜철대사(受具戒於慧哲大師)와 수구계어천도사(受具戒於穿道寺)" 그리고
"운봉산상(雲峰山上)과 운봉산하(雲峯山下)"로 각각 다르다.

두 비문에서 보듯이 도선국사가 "혜철국사에게 구족계를 받았다"
는 진본인 옥룡사본과는 다르게 필사본인 동문선본은 "천도사(穿道)
에서 구족계(具足戒)를 받았다" 하여 근본을 흔들어 버렸고, 사람들은

이 기록을 보고 도선국사가 "운봉산 밑에 굴을 파고 참선을 하였다" 하면서, 이 천도사를 전라북도 운봉산에 있었다고 하는데, 결론부터 말하면 이는 후대에 가필한 것으로 잘못된 것이며, 비록 운봉산상(雲峰山上)이라는 옥룡사본과 다르다 하여도, 수식어인 '운봉산하(雲峯山下)'를 명사인 '운봉산'으로 해석을 잘못하여 비롯된 오류다.

진본인 옥룡사 도선국사 비문에서 동리산 태안사 혜철국사에게 구족계를 받았다 하였고, 동리산 태안사사적에 "그중에 옥룡사(玉龍寺) 도선(道詵)이 상수(上首)가 되어 혜철국사의 법을 전해 받았으며, 고려 태조는 혜철국사가 도선국사에게 비밀하게 전한 도참(圖讖)에 이른 대로 삼한을 통일하고 왕위에 올랐다" 하였으며, 역대 고승들의 전기집(傳記集)인 동사열전(東師列傳)[6]에도 옥룡사본과 같이 혜철국사에게 구족계를 받았다고 하였으니, 도선국사가 혜철국사에게 구족계를 받았다는 것은 틀림없고 분명한 역사다.

이처럼 대대로 승려들은 물론 고려 왕실과 이규보와 같은 고려의 식자들이 분명하게 알고 있는 역사적 사실을 필사한 동문선본에서 천도사(穿道寺)에서 계를 받았다고 한 것은, 불순한 의도가 개입된 각색이라기보다는 필사할 당시의 기준점에서 지금의 오산 사성암을 지칭한 것임을, 역대 조사(祖師)들의 기록과 기타 문헌들은 물론 이어지는 "운봉산하(雲峯山下) 천동안선(穿洞安禪) 구름 낀 산봉우리 아래 바위굴(천동(穿洞)) 속에서 고요히 앉아 참선을 하였다"는 비문을 보면, 천도(穿道)와 천동(穿洞)은 같은 뜻, 같은 지역으로 도선국사가 혜철국사와 인연을 맺고 세상을 구할 도참의 비결을 전해 받은 구령(甌嶺)

---

6) 동사열전(東師列傳): 한말의 승려 각안(覺岸, 1820~96)이 우리나라 역대 고승들의 전기를 모아 엮은 책. 6권 2책. 필사본. 1894년(고종 31)에 탈고했다. 총 199명의 고승의 행적이 수록되어 있다. 해남 대흥사에 보관되어 오다가 1957년 동국대학교에서 처음 간행했다.

암자, 즉 도선국사가 수도하였다는 바위굴 '천동(穿洞)'을 절의 이름으로 지은 것으로, 도선국사가 바위굴에서 도를 깨달았다는 천도사(穿道寺)가 지금의 사성암이라는 것을 알 수가 있다.

미루어 보건대, 아마도 누군가 비문을 필사할 당시 구령 암자의 이름인 도선사(道詵寺)가 천도사(穿道寺)로 개명되어 있었던 것으로 보이며, 무엇보다도 도선국사가 천도사에서 수계를 받았다고 기술한 것은, 필사자의 사적인 견해가 반영된 것으로, 구령 암자에서 혜철국사가 도선국사에게 도참을 전한 역사를 수계(授戒)로 본 것이다.

처음 858년 혜철국사가 도선국사에게 산천비보를 교육 전수하면서 세운 도선사(道詵寺)가 여러 이름으로 유전하다 지금 사성암으로 부르고 있고, 사람들이 도선국사의 역사를 사성암의 이름으로 쓰고 있는 것과 같은 이치다.

다음은 사성암사적의 기록인데, 산꼭대기에 빈 구멍이 있다는 기록은 동국여지승람에도 실려 있는 내용이다.

輿地勝覽에 云山頂에 有一巖하야 有空隙하니 深不可測이라
여지승람　　운산정　　유일암　　유공극　　심불가측

俗傳에 道詵이 嘗住此山하야 畵天下地理하니라.
속전　　도선　상주차산　　화천하지리

동국여지승람에 이르기를 "산꼭대기에 바위 하나가 있고, 빈 구멍이 있는데 그 깊이가 얼마인지 알 길이 없다"고 하였으며, 세상에 전하는 이야기에 의하면 "도선국사께서 일찍이 이 산에 살면서 천하의 지리를 그렸다"고 한다.

　－ 중간 생략 －

有四聖庵 前後左右가 皆石壁數十丈이라 道詵窟이 在庵後라
유사성암 전후좌우　　개석벽수십장　　도선굴　　재암후

"사성암이 있는데, 앞뒤 좌우가 모두 수십 길의 바위 절벽으로 이루어져 있고, 암자 뒤에는 도선국사께서 수도하시던 바위굴(도선굴(道詵窟))이 있다" 하였다.

〈사성암사적에서 발췌〉

문제의 옥룡사본과 동문선본에 실린 비문의 글들을 위 사성암사적과 함께 사성암 현장에서 살펴보면, 운봉산(雲峯山)은 일반적으로 '봉우리에 구름 덮인 산'이라는 뜻으로, 섬진강변에 위치하여 지리산 제일경인 노고단 운해(雲海), 즉 섬진강 구름바다 속에 솟아 있는 오산을 말하는 것이며, 운봉산상(雲峯山上)은 '운봉산 위'가 아니라 '구름 낀 산봉우리 위'라는 뜻이고, 천동안선(穿洞安禪)은 '바위굴에서 즐거이 참선수행을 하였다'는 뜻이니, "운봉산상(雲峯山上) 천동안선(穿洞安禪)"은 구름 낀 산봉우리 위에 있는 바위굴, 즉 오산 사성암 산신각 터에 있는 바위굴에서 즐거이 참선수행(參禪修行)을 하였다는 기록이다.

흔히 사람들은 여기서 말하는 도선국사가 수도했다는 바위굴을 지금 사성암 산신각(山神閣)[7]의 좌측에 있는 바위틈으로 알고 있지만, 실상은 산신각 자리에 있었던 암자의 공간을 통칭한 것이다.

지금은 좌측 절벽을 돌아가지만, 옛 사성암 본당 우측 뒤편 암벽 사이로 산신각을 드나들던 길이 있었는데, 이 길을 통하여 산신각의 자리로 올라 보면 '천동(穿洞)', 즉 바위 동굴이라는 의미를 충분히 실감할 것이며, 천도사(穿道寺)는 바위가 병풍처럼 둘러싼 이 산신각의 공간, 즉 '천동(穿洞)'을 사찰의 이름으로 지은 것이다.

누구라도 언제든 사성암을 찾아가서 사성암 최초의 자리인 바위구멍, 즉 바위 동굴로 이루어진 산신각의 위치와 그 좌측 바위틈에 있는 굴을 활용한 공간구조를 보면 이곳이 천도사임을 의심하지 않을 것이다.

아울러 도선국사가 수도한 바위굴, 즉 혜철국사가 도선국사에게 천하를 구할 도참을 전하여 왕건으로 하여금 고려를 창업게 한 역사

---

7) 산신각(山神閣): ≪불교≫ 절에 산신을 모신 집. 〈동의어〉 산왕단.

혜철국사가 도선국사에게 도참을 전한 구령(甌嶺) 암자

이곳이 혜철국사가 도선국사에게 천하를 구할 도참을 전하여 왕건으로 하여금 고려를 창업게 한 역사의 현장이다. 도선국사 비문에 "어느 때는 구름 낀 산봉우리 위에 있는 바위굴 속에서 고요히 앉아 참선을 하고 여름에는 커다란 바위 앞에 초막을 지어 참선을 하기도 하였다" 하였는데, 바로 이 산신각과 좌측에 있는 바위굴을 지칭한 것이며, 천도사(穿道寺)는 이 산신각, 즉 구령암자의 의미를 살린 사성암의 옛 이름이다. 지금은 좌측 절벽을 돌아가지만 옛날에는 산신각 우측 암벽 사이로 본당으로 드나들던 길이 있었다.

의 현장인 사성암 산신각을 보면, "운봉산하(雲峯山下) 운봉산 아래"라는 동문선보다 진본인 옥룡사본에서 말한 "운봉산상(雲峯山上) 구름 낀 산봉우리 위"가 정확한 표현이다.

따라서 천도사(穿道寺)의 천도(穿道)는 혜철국사와 도선국사가 산봉우리 바위 굴속에서 도를 전한 역사의 기록이고, 혜철국사가 도선국사에게 천하를 구할 도참을 전하여 왕건으로 하여금 고려를 창업게 한 역사를 기리는 명칭이다.

참고로 고려 고종(高宗) 때의 문인(文人)이며 선법(禪法)[8]을 연구한 백

분화(白賁華, 1180~1224)[9]가 지은 "차운제천언사(次韻題穿堰寺)"라는 제하
의 시 또한 천도사와 같은 맥락이다.

次韻題穿堰寺
차 운 제 천 언 사

천언사라는 제목으로 시를 지음

雲深水暗稱幽行
운 심 수 암 칭 유 행

구름은 자욱하고 물빛마저 어두운 심산유곡이라

入夜從敎擁火城
입 야 종 교 옹 화 성

밤이면 승도(僧徒)들이 횃불을 둘러 세웠네.

嘯月澗猿如許恨
소 월 간 원 여 허 한

달을 보고 울부짖는 냇가의 원숭이는 이런 한을 아는가.

罵花山鳥自呼名
매 화 산 조 자 호 명

꽃을 꾸짖는 산새는 제 이름만 부르네.

沒絃琴瑟松鳴響[10]
몰 현 금 슬 송 명 향

솔숲에 이는 메아리는 줄 없는 거문고와 비파의 가락이요.

不雨雷霆梵動聲
부 우 뇌 정 범 동 성

비 없는 뇌정벽력(雷霆霹靂)은 범종(梵鐘)이 놀라는 소리라네.

此具雖微靈應速
차 구 수 미 영 응 속

---

8) 선법(禪法): ≪불교≫ 참선하는 법. 〈동의어〉 선도(禪道).

9) 백분화(白賁華, 1180~1224): 본관 남포(藍浦). 자 무구(無咎). 호 남양(南陽). 비서성판사
광신(光臣)의 아들. 1198년(신종 1) 국자감시(國子監試)에 합격, 이어 문과에 급제하였다.
1206년(희종 3) 내시(內侍)가 되어, 19년간 희종·강종·고종의 3대왕을 측근에서 모시고
선교(禪敎)의 선발시험을 주관하였다. 이어 합문지후(閤門祗候)·예부원외랑(禮部員外郎) 등
을 역임하고, 선천(宣川)방어부사가 되었으나 병으로 부임하지 못하였다. 만년에는 경산부부사
(京山府副使)로 있으면서 선법(禪法)을 연구, 스스로를 참선거사(參禪居士)라 하였다. 문집
≪남양시집≫(2권)이 있다.

10) 명향(鳴響): 〈명사〉 소리가 메아리처럼 울려 퍼짐. 명향－하다.

이 모든 것들은 은밀한 신령들이 감응하여 부르는 것이니

吾今稽首又輸誠
오 금 계 수 우 수 성

나는 지금 머리를 조아리고 정성을 실어 보낸다.

〈남양시집(南陽詩集)에서 발췌〉

위 고려의 문인 백분화가 지은 시의 제목으로 나오는 이 천언사(穿堰寺)는 오직 백분화의 시에만 기록된 사찰인데, 최근 이 천언사를 음이 비슷하다는 이유만으로 지리산 천은사(泉隱寺)[11]라고 하는 주장들이 있다.

그러나 천은사사적에는 천언사(穿堰寺)였다는 기록이 없고, 특히 처음 창건 당시 "극락보전(極樂寶殿)[12] 앞뜰에 이슬처럼 맑은 감로(甘露)[13]가 솟아나는 샘이 있어 절의 이름을 감로사(甘露寺)라고 하였다"

---

11) 천은사(泉隱寺): 전라남도 구례군 광의면 방광리 지리산 서남쪽에 있는 절. 대한불교조계종 제19교구 본사인 화엄사의 말사이다. 이 절은 828년(흥덕왕 3)에 덕운(德雲)대사가 창건했는데 극락보전 앞뜰에 있던 샘물이 감로(甘露)와 같다고 하여 감로사(甘露寺)라고 했다. 875년(헌강왕 1) 도선(道詵)대사가 중축한 이래 여러 차례 중건·중수했다. 임진왜란 때 소실된 것을 1678년(숙종 4)에 중건했는데, 그사이 샘이 자취를 감추자 절 이름을 천은사로 바꾸었다. 현존하는 건물들은 대부분 1774년(영조 50)에 재건한 것으로 극락보전·팔상전·진영당·칠성각·첨성각·회승당(會僧堂)·보제루·일주문·수홍문(垂虹門) 등이 있다. 이 밖에 고려시대에 만든 금동불감을 비롯하여 극락전에 봉안되어 있는 아미타후불탱화(1776)·영상회상도(1715)·제석천룡도(1833)·칠성도(1749) 등이 있다.

12) 극락보전(極樂寶殿): 서방극락정토(西方極樂淨土)의 주재자인 아미타불을 모시는 불전. 무량수전(無量壽殿)·아미타전(阿彌陀殿)이라고도 한다. 한국에서는 대웅전(大雄殿)·대적광전(大寂光殿)과 함께 3대 불전으로 손꼽을 만큼 많이 건립되었다. 주불인 아미타불을 중심으로 관세음보살과 대세지보살이 협시보살로 봉안된다. 후불탱화로는 극락정토를 사실적으로 묘사한 극락회상도(極樂會上圖)를 주로 봉안하며, 그 밖에 극락의 구품연대화를 묘사한 극락구품탱화나 아미타탱화도 봉안한다. 봉정사 극락전, 부석사 무량수전, 무위사 극락전 등이 유명하다.

13) 감로(甘露): 고대 인도·중국의 영약(靈藥). 원래 산스크리트의 암리타(amta: 不死)로 신(神)을 의미했다가 다시 신의 음료를 의미하게 되었다. 고대 인도에서 소마(soma: 신에게 바치는 술)와 동일시되었으며, 꿀처럼 달다고 한다. 한문으로는 감로(甘靈)라 번역되어 도리천에서 내리는 달콤한 비를 뜻하며, 사람의 고통을 치유해 주고 오래도록 살게 해 주는 힘을 갖는다고 풀이되고 있다. 또한 죽지 않는다는 뜻에서 영원한 생명을 지닌 부처의 가르침 또는 부처의 가르침에 의한 깨달음의 경지를 나타내는 것으로 되어 있다. 감로가 제호라고도 번역되는 것은 이런 뜻에서 연유된 것이다. 또한 밀교경전(密敎經典)에서는 아미타불(阿彌

는 천은사 창건 설화를 보면, 천은사의 종지(宗旨)이며 이름이 된 감로수(甘露水)가 솟아 나오는 샘의 구멍을 막아 버리는 천언사(穿堰寺)로의 개명(改名)은 곧 천은사의 근본을 없애 버리는 것으로 결코 있을 수 없는 일이다.

따라서 천도사(穿道寺)의 천도(穿道)는 혜철국사와 도선국사가 산봉우리 바위굴 속에서 도를 전한 역사의 기록이고, 천언사(穿堰寺)의 천언(穿堰)은 혜철국사와 도선국사가 산꼭대기 바위틈을 메우고 그 자리에 절을 지은 역사와 합치됨으로 만일 지금의 병방마을에서 하룻밤을 유숙하면서 "소계단정횡청천(小溪短艇橫淸淺)"이라는 제하의 시(詩)를 남긴 백분화가 이 "차운제천언사(次韻題穿堰寺)"를 구례에서 지은 것이라면, 이 또한 당시 사성암의 이름이었을 것으로 보는 것이 옳다.

【부연하면 고려시대 선교(禪敎)의 선발시험을 주관하고 선법(禪法)을 연구, 스스로를 참선거사(參禪居士)라 칭한 백분화가 오산 아래 잔수진에 머물면서 고려 창업의 핵심이며 선종(禪宗)의 성지(聖地)인 오산 봉우리 바위굴, 즉 도선굴(道詵窟)에 오르지 않았다는 것은 상상할 수 없는 일이다.】

앞서 본문에서 설명했듯이 오산 사성암은 혜철국사가 압록 동리산에 주장자를 세우고 장차 전란의 구렁에 빠질 나라를 구하고 백성을 편안케 할 비원으로 점지 약사여래를 모신 세 군데 핵심혈처 가운데 하나로 정상 바위굴(현 산신각 자리)에서 천하를 구할 도참을 전한 역사의 현장이며 도선국사에게 산천비보를 교육·전수하면서 세웠다는 도선사이며, 훗날 도선국사의 법호가 된 사찰이다.

陀佛)의 아미타는 암리타에서 나온 말이라고 해석하여 아미타불과 감로를 동일시하고 있다. 중국에서는 천지음양(天地陰陽)의 2기(二氣)가 조화를 이루어 내리게 하는 감미로운 이슬이 감로라고 생각하였다.

이러한 역사를 간직한 사성암은 그 지리적 조건이 처음 산을 비보하여 활용한 혜철국사의 관점에서 보거나 자연적 조건에서 보아도, 동리산(桐裏山)·백운산(白雲山)·지리산(智異山) 삼대 명산의 중심에서 우뚝 솟아 섬진강을 두르고 있는 오산 정상에 위치하여, 예로부터 수많은 선사(禪師)들이 용맹정진(勇猛精進)하였으며, 근세에는 청화대종사(淸華大宗師, 1923~2003)께서 수도하신 곳으로, 파란만장한 세월을 감내하며 살아온 만큼 그 기복(起伏)이 극심하였다.

옥룡사 도선국사 비음기에 "대중 12년(858)에 구례현에 도선사(道詵寺)를 세웠다"는 기록 이후 고려 진각국사는 전물암(轉物庵)이라 하였고, 원오국사가 선석암(禪石庵)이라고 하였다는 기록에서 보듯이, 예로부터 참선 수도하는 곳으로 워낙 유명한 곳이라, 고승대덕들의 발길이 끊이지 않았고, 그때마다 그들이 가지고 있는 종지(宗旨)와 풍수사상에 의하여, 이름이 달리 바뀌었음을 기록으로 알 수 있는 일이다.

오늘날 부르고 있는 사성암은 진각국사 이후, 누군가 사용했을지는 모르지만, 기록상으로는 연담대사의 사성암중창문이 처음이며, 경암대종사(鏡巖大宗師, 1743~1804)가 쓴 오산기(鰲山記) "화엄사기(華嚴寺記)"에 사성암이라 하였다는 기록이 있다.

일반적으로는 경암종사의 오산기(鰲山記)나 현변대사의 오산암(鰲山庵) 즉 '오산의 암자'라는 제호에서 보듯이, 대부분 암자의 이름이 아닌 '오산사(鰲山寺)', 즉 '오산 절'이라고 하였고, 지금도 구례 주민들은 '오산 절'로 통용하여 편하게 부르고 있다.

다른 측면에서 보면, 고려창업에서 그 사직이 다할 때까지 고려의 역대 왕들이 지극 정성으로 받들었으며, 조선시대는 물론이거니와 오늘날까지 정치적으로는 국사(國師)의 지위를 누리고, 일반적으로는 신

(神)의 위치에 올랐던 사람이 바로 도선국사이며, 그러한 연유로 수많은 사람들이 그 비법(秘法)을 이은 적자(嫡子)14)임을 주장하였고, 사찰들은 그와 인연을 만들어 사세(寺勢)를 과시하여 온 것이 사실이었다.

고려의 묘청(妙淸)15)이 그랬고, 조선시대에는 정감록(鄭鑑錄)16)이 대표적인 도선국사의 비기(秘記)를 사칭한 비화(秘話)였으며, 오늘날 풍수사상의 근간이 되어 절대적으로 신봉하고 있는 만큼, 만일 천도사(穿道寺)가 사성암이 아닌 제3의 장소에 실재(實在)하였다면, 그 사찰은 당대는 물론이거니와 "법손전지사사소(法孫傳持寺四所) 임금의 허락을 얻어 법손(法孫)들에게 법을 전한 4개의 사찰과 그 장소를 함께 새긴다"고 기록한 도선국사 비음기에 제일 첫 번째로 실렸어야 하는 것은 말할 것도 없거니와 역사와 종교 그리고 현실에서 상당한 가치와

---

14) 적자(嫡子): 정실(正室)의 몸에서 태어난 아들. 적남(嫡男).↔서자(庶子). 정통 학문과 사상을 이어받음.

15) 묘청(妙淸, ?~1135): 고려 인종 때의 승려. 서경(西京: 평양) 출생. 정심(淨心)이라고도 한다. 도참설로 중앙 정계에 진출하여, 서경 천도 따위의 개혁 정치와 금국정벌론을 주장하다가 반대에 부딪치자 난을 일으켜 국호를 대위(大爲), 연호를 천개(天開)라 하여 스스로 천견충의군(天遺忠義軍)을 조직하였는데, 반란군은 김부식을 원수로 한 삼군에 의해 토벌되었고, 묘청은 부하 조광에게 피살된 후 개경에서 효시(梟示)되었다.

16) 정감록(鄭鑑錄): 조선시대 이래 민간에서 널리 읽힌 대표적 예언서. 저자나 출간시기에 대해서 여러 가지 설이 있으나 정감(鄭鑑)과 이심(李沁)의 대화형식으로 서술되어 있기 때문에 정감 혹은 이심을 저자로 보기도 하고, 정도전(鄭道傳)이 조선의 역성혁명(易姓革命)을 합리화하고 민심을 조작하기 위하여 저술하였다고도 한다. 형식면에서는 예언설·참요(讖謠)·역수(易數)의 풀이와 풍수지리설에 의한 해석 등이 다양하게 서술되어 있으며, 사상적으로도 유교의 외도(外道)나 도교 및 참위설·음양오행설 등의 다채로운 배경을 가지고 있다. 표현기법상의 특징은 직설적 표현을 피하고 은어(隱語)·우의(寓意)·시구(詩句)·파자(破字)를 많이 써서 해석이 어렵고 애매한 표현이 많다. 반왕조적이며 현실부정적인 내용을 담고 있는데, 난세에는 풍수설에 따라 복정(卜定)된 피난처에서만 지복(至福)을 누릴 수 있으며, 정씨(鄭氏) 성을 가진 진인(眞人)이 나타나 이씨 왕조가 멸망하고 새로운 세계가 도래할 것이라는 예언이 중심이다. 1589년(선조 22) 정여립(鄭汝立)의 역모(逆謀)도 이런 내용의 영향으로 일어난 것이었고, 그 뒤 광해군·인조 이후의 모든 혁명과 19세기 민중운동·동학농민운동을 기점으로 속출한 민중항거 대부분이 ≪정감록≫과 연결되어 있다고 할 만큼 민중의식에 커다란 영향을 미쳤다. 전통사회의 황당한 예언서로 보는 시각도 있으나 조선시대의 사회사상사를 이해하는 데 중요한 사료로 평가되고 있다. 필사본.

영향력은 갖게 되는데, 그런 중요한 사찰이 처음부터 전해지지 않았다는 것은 상식 밖의 일로서, 이는 곧 천도사는 사성암의 또 다른 이름이라는 것을 반증하는 것이다.

당시는 물론이거니와 불교의 기록 문화가 정착된 이후부터 오늘날까지, 구족계(具足戒)는 출가한 승려로서는 매우 중요한 통과 의례(儀禮)이며, 비로소 하나의 완성된 자격을 부여하는 등용문(登龍門)이다.

역사적으로 중요한 승려들은 비교적 그 계보(系譜)라 할 수 있는 출가본사(出家本寺)17)와 구족계단(具足戒壇)18)의 기록이 분명한데, 도선국사는 그 명성과 역사성에 비하여 의외로 자료가 부실하며 혼란스럽기까지 하다.

이는 도선국사라는 한 사람의 일생이 난세를 바로잡고, 고려를 창업한 전설이 되어 버린 까닭이겠지만, 그보다는 개인과 사찰과 국가가 저마다 자신들을 위해서 편의대로 해석하고 이용한 원인이라 해야 할 것이다.

---

17) 출가본사(出家本寺): 승려가 되기 위해 처음 입문한 사찰.
18) 구족계단(具足戒壇): 불교에 귀의한 승려가 비구(比丘), 비구니(比丘尼) 계(戒)를 받는 사찰.

제6장

봉성지의 오산 해석

鰲山은 在縣南十五里하니라 山脈은 自煩天鷄足山으로 臨江斗起
오산　　재현남십오리　　　　산맥　　자번천계족산　　　임강두기

한데 不知其幾千仞也라
　　　불지기기천인야

오산은 구례현 남쪽 15리에 있다. 산맥은 스스로 생긴 모양이 장황(張皇)[1]한
계족산(鷄足山)으로부터 나와 강에 임하여 우뚝 솟았는데, 그 높이가 몇천 길
이나 되는지 알 수가 없다.

山之頂에 有庵하고 庵有百丈空隙한대 俗稱湧巖이라 하니라
산지정　　유암　　　암유백장공극　　　속칭용암

산 정상에 암자가 있고 그 암자에는 백 장(百丈)[2]이나 되는 빈틈이 있는
데 세속에서는 바위가 솟구쳐 나온 곳이라고 한다.

巖有十二基한대 基各有名이라 其奇形怪狀하니 如金剛山故로
암유십이기　　　기각유명　　　기기형괴상　　　여금강산고

稱小金剛山이라하다.
칭소금강산

바위에는 열두 개의 터가 있는데 그 각 터마다 이름이 있다. 그 기묘한 형
상과 괴이한 모습들이 마치 금강산과 같기 때문에 작은 금강산이라 하였다.

腰有石窟한대 深不可測이요 下通東海云하니라
요유석굴　　　심불가측　　　하통동해운

"바위 허리(중간)에 굴(窟)이 있는데 그 깊이를 헤아릴 수 없으며, 아래에
있는 동해(東海)[3]와 통한다" 한다.

---

1) 장황(張皇): 쓸데없이 번거롭고 긺.

2) 백장(百丈): 성인 백 명의 키를 합한 길이.

3) 동해(東海): 오산 남서쪽 황전천이 섬진강과 합류하는 구례군 문척면 동해마을을 칭함.

僧道詵이 嘗住此山하며 畵東國山川而刻其像扵石壁하니
승 도 선　　상 주 차 산　　　화 동 국 산 천 이 각 기 상 골 석 벽

俗稱影子堂이라 하니라.
속 칭 영 자 당

도선국사께서 일찍이 이 산에 살면서 동국의 산천을 그렸으며 부처님의
형상을 석벽(石壁)에 새겼는데 속칭 영자당(影子堂)이라고 한다.

其南麻姑洞에 有仙巖한대 不知幾百丈이라 上有古松하고
기 남 마 고 동　　유 선 암　　　불 지 기 백 장　　　상 유 고 송

下有鳴泉하니라
하 유 명 천

그 남쪽 마고동(麻姑洞)에 신선바위가 있는데 높이를 알 수 없는 그 위에
는 오래된 소나무가 있고 밑에는 명천(鳴泉)이 있다.

〈오산〉

<구례 봉성지(鳳城誌)에서 발췌>

주(註): 위 봉성지 산천편(山川篇) 오산(鰲山)의 내용은 대동지지(大東地志)[4]에도 전문이 실려 있으며, 본문 "오산 사성암사적과 해석"에서 충분히 설명되었으므로 재론하지는 않겠다.

다만 "바위 허리(중간)에 굴(窟)이 있는데 그 깊이를 헤아릴 수 없으며, 아래에 있는 동해(東海)와 통한다" 하였는데, 전라도 내륙 구례 오산 약사여래를 중심으로 남서쪽 산골짜기를 의지한 마을을 언제부터 동해라고 하였으며, 그 이유가 무엇인지 구전(口傳)되는 전설도 없고 전하는 문헌이 없어 알 길은 없지만, 본래 구례는 역사가 기록되

---

4) 대동지지(大東地志): 조선 후기에 김정호(金正浩)가 편찬한 지리서. 책의 기록 하한은 1863년 (철종 14)으로 되어 있다. 내용 구성은 총괄·팔도지지·산수고·변방고·정리고(程里考)· 역대지 등의 6부분으로 되어 있다. 이 지지의 특성을 지적한다면 첫째, ≪동국여지승람≫ 식 체재에서 ≪대명일통지≫의 형식을 취하였다는 점이다. 따라서 고사고전·시문·인물은 생략되어 있다. 둘째, 각 관읍에 대한 철저한 현재적 파악에 주력하고 있다는 점이다. 따라서 방면· 전결수·호구·군보·도리(道里)에 대하여 상세하게 파악하여 기록하였다. 셋째, 자국의 역사에 대한 의식이 철저하였다. 각 관읍의 전고 항목의 설정이라든가 고적에 대한 고증적 기록 태도에서 이를 엿볼 수 있다. 넷째, 방대한 자료를 참고한 점이다. 그의 인용서목을 보면, 중국서목이 22종, 국내서목이 43종에 이르고 있다. 32권 15책. 필사본. 규장각 도서·국립중앙도서관·고려대학교도서관 소장.

면서부터 곡성군(谷城郡)5)의 영현(領縣)으로 이곳 동해(東海)라는 마을의 지명을 삼신산(三神山 지리산)을 중심으로 한 곡성의 대황천(大荒川 보성 강)6)과 연결하여 살펴보면, 구름 안개 자욱한 동해에서 삼신산을 등에 지고 있다는 오(鼇), 즉 거북이를 위한 비보풍수(裨補風水)에서 만들어진 것으로 보인다.

산해경(山海經)7) 대황동경(大荒東經)에 "동해(東海)의 밖 대황(大荒) 가운데 산이 있다" 하였고, 당시 구례를 관할하던 곡성군의 관아는 동해 마을의 서쪽이며 상류인 지금의 곡성군 죽곡면 당동리 대황강변에 있었으며, 오늘날 주역(周易)8)의 근본이 된 하도낙서(河圖洛書)를 본뜬 낙수진(洛水津)까지 있는 것으로 보아, 구례 잔수진의 동해는 아득

---

5) 곡성군(谷城郡): 전라남도 북동부에 위치한 군. 면적 547.33㎢. 인구 3만 6,754명(2002). 동쪽은 구례군(求禮郡), 남쪽은 순천시(順天市)·승천군(昇州郡), 서쪽은 화순군(和順郡)과 담양군(潭陽郡), 북쪽은 전라북도 남원시(南原市)·순창군(淳昌郡)에 접한다. 군청소재지는 곡성읍(谷城邑). 본래 백제의 욕내(欲乃) 또는 욕천군(欲川郡)인데, 당시 구례를 속현으로 관할하였다. 757년(신라 경덕왕 16) 곡성으로 개칭하였다. 고려 초에 승평군(昇平郡: 순천)에 딸린 현으로 하였다가 1018년(현종 9) 나주목에 예속되었고, 1172년(명종 2)에 감무(監務)를 두었다. 1413년(조선 태종 13)에 현감(縣監)을 두었으며, 1895년(고종 32) 지방관제 개편에 따라 군이 되어 8개 면을 관할하였다. 1914년 행정구역 개편으로 옥과군(玉果郡) 일부와 구례군 고달면(古達面) 일부를 편입하였고, 1979년 곡성면이 읍으로 승격되었다. 소백산맥으로 인한 산세의 영향으로 평균 고도가 500m가 넘어 전라남도에서 가장 높은 고원지대를 이룬다. 한국 9대 강의 하나인 섬진강(蟾津江)은 전북 진안(鎭安)의 마이산(馬耳山)에서 발원하여 군의 동부를 흘러 남류하며 유역에 곡성분지를 이룬다. 보성강(寶城江)은 남서쪽 보성에서 발원 동북으로 흘러 곡성군 압록(鴨綠)에서 섬진강과 합류한다.

6) 대황천(大荒川): 대황강. 보성강의 옛 이름.

7) 산해경(山海經): 중국 고대의 지리서. 모두 18권이며 〈오장산경(五藏山經)〉, 〈해외사경(海外四經)〉, 〈해내사경(海內四經)〉, 〈대황사경(大荒四經)〉, 〈해내경(海內經)〉의 5부로 되어 있다. 2세기 이전에 만들어진 것으로 추정된다. 전하는 것 중 가장 먼저 이 책을 정리한 전한(前漢) 말의 유수(劉秀: 劉歆)의 기록에 따르면, 이 책은 우(禹)와 익(益)의 치수사업에서 만들어진 것이라 하는데 작자는 알 수 없다. 지금 전해 오는 책은 동진(東晉)의 곽박(郭璞)이 주석을 단 18권본이다. 뤄양[洛陽(낙양)]을 중심으로 동서남북의 지리·산맥·하천 등의 모양을 기록하였는데 산물·풍속·괴수(怪獸)·요괴·신 등에 대한 기록도 있고, 특히 곤륜산(崑崙山)과 서왕모(西王母) 이야기 등이 유명하다.

8) 주역(周易): 〈명사〉 ≪책≫ 중국 상고 시대의 복희씨가 그린 팔괘에 대하여 주나라 문왕과 주공(周公)이 발전시키고, 뒤에 공자가 깊은 원리를 붙여 이뤄진 유교 경전. 음과 양의 이원으로써 자연과 사회의 원리를 설명하였다. 〈동의어〉 역경. 〈준말〉 역(易).

사성암에서 바라본 동해마을과 잔수진

섬진강과 황전천이 합류하는 강 좌측 산에 가려 보이지는 않지만 최근에 신설된 고속도로가 가로지른 좌측 동해마을과 우측 병방마을을 건너는 나루를 잔수진이라 하였으며 잔수역 터는 옛 남초등학교 부근이었다고 전한다. 사진 우측 섬진강 다리를 건너 보이는 산이 동리산이다.

한 옛날 곡성군 관아의 위치에서 대황천과 함께 만들어진 이름이며, 곧 삼신산의 역사와 함께하는 가장 오래된 지명의 하나라고 할 수 있다.

그러나 문제는 사성암사적이나 승려들의 문집에도 언급이 없고, 오직 관청(官廳)에서 간행한 구례 봉성지와 1872년 제작된 지방도(地方圖) 구례현 지도에만 기록된 사성암 바위 허리에 있는 굴(窟)이 동해(東海)마을과 통한다는 의미가 무엇이냐는 것이다.

승려들이 쓴 것이라면 종교적인 관점에서 과장한 것이라고 이해할 수도 있으나, 유생(儒生)들이 확신하고 쓴 것임을 감안(勘案)하여 여러 가지 가능성을 두고 조사해 본 결과 동국여지승람 순천도호부(順天都護府)의 기록을 보면, "잔수진(潺水津)은 북쪽으로 60리이며, 구례의 경계이고 압록진(鴨綠津)의 하류이며 요해처(要害處)9)다" 하였고, 예로

---

9) 요해처(要害處): 긴한목. 자기편에는 이롭고 적의 편에는 해롭게 생긴. 긴요한 지점.

부터 섬진강은 해적(海賊), 즉 노략질을 일삼는 왜구(倭寇)들의 직로(直路)라 하여, 국가에서 노심초사(勞心焦思)하며 방비한 역사를 보면, 유독 관청에서 간행한 구례 봉성지와 구례현 지도에만 오산에 "바위굴이 있어 동해(東海)마을과 통한다"는 기록은 앞의 사성암에서 촬영한 동해마을의 잔수진 사진과 다음의 옛 지도에서 보듯이, 사성암은 잔수진과 함께 중요한 요충으로 유사시(有事時) 활용하던 군사작전이 전설이 된 것으로 보인다.

병법(兵法)으로 보면 오산 사성암은 한 사람이 앉아서 남해에서 호남의 내륙으로 통하는 육로(陸路)와 수로(水路)인 섬진강은 물론 순천과 곡성, 즉 남원으로 통하는 도로까지 24시간 손바닥을 보듯 감시가 가능하고, 잔수진은 섬진강을 오르내리고 순천과 남원을 오가는 적을 동시에 방어하는 요해처로 왜적의 침입에 대비하여 오산과 잔

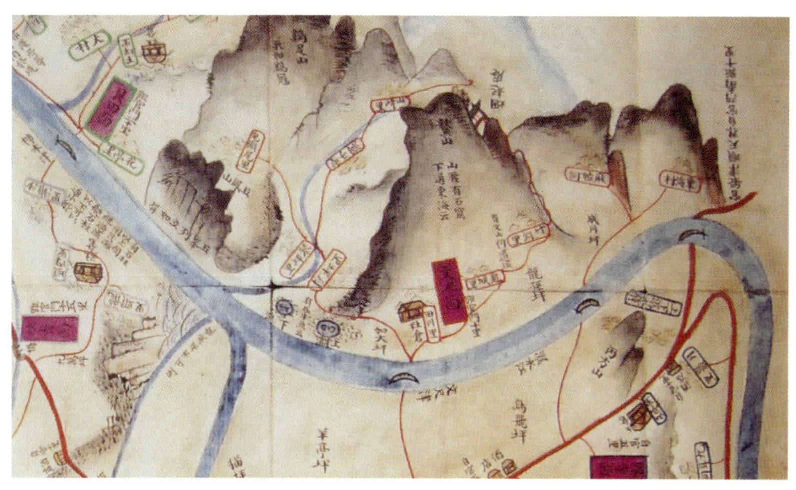

1872년 제작된 지방도(地方圖) 구례현 지도

1872년 제작된 지방도 구례현을 보면 문척으로 건너는 나루는 3곳이 있다. 이 가운데 잔수진(潺水津)은 우측 병방산을 돌아 순천으로 나가는 굵은 붉은색으로 표시된 주도로가 배로 연결된 구례읍 병방(丙方)마을과 문척면 동해(東海)마을을 건너는 나루였다. 지도에 "정상에 바위굴이 있어 동해와 통한다"고 쓰여 있다.

수진을 하나로 묶는 국가 방어시스템을 표기한 것으로, 사성암이 동해마을과 통한다는 것은, 군사적인 측면에서 둘의 유기적 관계를 설명하고, 유사시 사성암과 잔수진을 동시에 활용하던 군사작전이 전설이 된 것으로 보는 것이 옳을 듯하다.

【부연하면, 1948년 10월 20일 전남 여수에서 발발되어 이듬해 50년 2월 지리산에 숨어 유격전을 벌이던 잔당들의 소탕으로 끝낸 여순반란사건 당시 오산 사성암은 반란군들의 주요 거점이 되었으며, 반대로 구례 경찰서에서는 사성암 탈환에 고심하였고, 당시 대처승으로 사성암 주지였던 이용산 스님이 경찰들의 혹독한 고문(拷問) 끝에 사망했으며, 지금도 사성암 바위에는 총탄의 상처들이 남아 있어 당시 치열했던 전투상황을 말해 주고 있는데, 이는 화살을 쏘던 옛날이나 총을 쏘는 오늘날의 현대전이나 구례에서 사성암의 전략적 중요성이 어떠한 것인지 잘 말해 주고 있다.】

아득한 옛날부터 남해에서 섬진강을 거슬러 와 선량한 백성들을 학살하며 노략질을 일삼는 왜구들을 막기 위해 호남 내륙으로 들어오는 길목인 구례군 토지면(土旨面) 송정리(松亭里)에 있는 석주관(石柱關)10)과 동해마을에서 건너는 잔수진(潺水津)이라는 2개의 요해처를 가지고 있는 구례는 1498년(연산군 4년) 연산군으로부터 역모의 땅으

---

10) 석주관(石柱關): 사적 제385호 전남 구례군 토지면(土旨面) 송정리(松亭里)에 있는 고려·조선시대에 축조된 성곽. 석주진(石柱鎭) 석주관(石柱關)으로 부른다. 섬진강을 사이에 두고 영남에서 호남으로 통하는 관문으로서 역사적으로 군사전략상 매우 중시되었던 곳이었다. 1592년(선조 25) 임진왜란 때 전라도 방어사 곽영(郭嶸)이 남원에 진을 베풀고 11월에 이곳에 성을 쌓고, 구례현감 이원춘(李元春)으로 하여금 지키게 하였다. 이후 1597년 정유재란 때 이원춘이 남원전투에서 패배하여 전사하자 구례 출신 왕득인(王得仁)이 의병을 거느리고 지키다가 장렬히 순절하였다. 이에 왕득인의 아들 왕의성(王義成)과 이 지방 출신의 선비들이 11월에 다시 의병을 모아서 함께 지키고, 인근 화엄사의 승병 153명과 양식 지원을 받아 왜군과 치열한 혈전을 벌였으나 왕의성을 제외한 여러 의사들이 순절하였다. 이때 이곳에서 싸운 의병장들을 석주관칠의사라 하여 1804년 성터 옆에 사당을 세웠다.

로 몰려 사라질 위기에 처한 구례를 지켜 냈을 만큼 매우 중요했는데, 특히 임진왜란(壬辰倭亂)[11] 때 "호남은 나라를 지키는 울타리다. 만약 호남이 없었으면 나라도 없을 것이다"라고 확신한 전라좌수사 이순신 장군이 국가의 보루인 호남을 지키기 위해 지목한 저 유명한 석주관 전투에 잘 나타나 있다.

유재란(丁酉再亂) 당시 1597년 11월 1,000여 명의 의병과 153명의 화엄사 승병(僧兵)들이 북에서 남으로 치달아 온 지리산과 남에서 북

구례 석주관 석성(石城)과 섬진강

1597년 11월 1,000여 명의 의병과 150여 명의 화엄사 승병(僧兵)들이 여기 석주관에 방어선을 구축하고 하동에서 섬진강을 거슬러 오는 적장 요시히로[의홍(義弘)]의 대군을 맞아 결사항전 끝에 시산혈해(屍山血海)를 이루며 옥쇄(玉碎) 항전의 역사를 피로 새겼고, 훗날 사람들은 이 의로운 충혼의 넋을 기리며 영원히 잊지 않기 위해 이 강을 일러 "혈류성천(血流成川) 위벽위적(爲碧爲赤) 피가 흘러 강이 되니 푸른 물이 붉게 물들었다"는 혈천(血川)이라 하였다.

---

11) 임진왜란(壬辰倭亂): 1592년(선조 25)부터 1598년까지 2차에 걸쳐서 조선에 침입한 일본과의 싸움. 1차 침입이 임진년에 일어났으므로 임진왜란(壬辰倭亂)이라 부르며, 2차 침입은 정유년에 일어나 정유재란(丁酉再亂)이라 일컫는데 일반적으로 임진왜란이라면 정유재란까지 포함해서 말한다. 이 왜란을 일본에서는 '분로쿠 게이초[文祿慶長(문록경장)]의 역(役)'이라 부르고, 중국에서는 '만력(萬曆)의 역'이라 부른다.

으로 달려온 백운산의 험준한 산세가 협곡을 이룬 섬진강을 사이에
두고 대치한 석주관에 방어선을 구축하고 경남 하동(河東) 방면에서
섬진강을 거슬러 오는 적장 요시히로[義弘(의홍)]의 대군을 맞아 결사
항전 끝에 시산혈해(屍山血海)를 이루며 옥쇄(玉碎) 항전(抗戰)의 역사를
피로 새겼고, 훗날 사람들은 이 의로운 충혼들의 넋을 기리며 영원
히 잊지 않기 위해 강의 이름을 "혈류성천(血流成川) 위벽위적(爲碧爲赤)
피가 흘러 강이 되니 푸른 물이 붉게 물들었다" 하여 혈천(血川)이라
하였는데, 의병들이 죽어 핏물이 강을 이룬 역사를 혈천(血川)으로 새
긴 구례군 토지면(土旨面) 송정리(松亭里) 석주관 전투는 섬진강 방어의
중요성을 잘 대변해 주는 것이다.

석주관 칠의사 묘역 "정유전망의병추념비(丁酉戰亡義兵追念碑)"

    1805년(순조 4) 나라에서는 7의사에게 각각 관직을 추증하였고, 1946년에는 지방 인사들이 칠의각(七義
閣)을 짓고 영모정(永慕亭)도 지어서 기념하기에 이르렀지만, 2009년 3월 7일 자료사진을 촬영하기 위해 구
례읍 조휴봉 선생과 함께 찾아본 오후의 석주관은 찾는 이 하나 없는 잊혀져버린 슬픈 땅이었다. 혈류성천(血
流成川)으로 대변되는 명문은 추념비 후면에 새겨져 있다.

다음은 정유재란 당시 순국한 석주관 칠의사(七義士) 묘역 우측에 세워진 '정유전망의병추념비(丁酉戰亡義兵追念碑)' 후면에 글을 새기고 붉은 경면주사(鏡面朱沙)[12)]를 넣어 의병들의 단심(丹心)을 전한 명(銘)이다.

위국응모(爲國應募)　　　나라를 위한 부름에
승려하택(僧侶何擇)　　　승려들인들 어찌 가리겠는가.
혈류성천(血流成川)　　　피가 흘러 강이 되니
위벽위적(爲碧爲赤)　　　푸른 물이 붉게 물들었다.
위주망신(爲主忘身)　　　임금을 위해 몸을 버리는 것은
여대지직(輿儓之職)　　　신하 된 자의 직분이다.
편석추명(片石追銘)　　　돌 조각에 옛일을 새기노니
천추불록(千秋不泐)　　　천추에 길이 남으리라.

석주관 "정유전망의병추념비(丁酉戰亡義兵追念碑)" 후면에 새겨진 명문

피아골은 "피가 흘러 강이 되니 푸른 물이 붉게 물들었다" 하여 지어진 '혈천(血川, 피내골)'을 순우리말로 풀어낸 것으로 '피내골'이라는 참으로 가슴 아픈 석주관 순국의 역사가 세월에 묻히면서 변형된 것이다.

---

12) 경면주사(鏡面朱沙): 수정과 같은 결정구조를 가지는 육방정계에 속하는 광물로 주사·경면주사·단사·광명사라고도 한다. 색깔은 주홍색 또는 적갈색이며 조흔색(條痕色)은 심홍색이다.

참으로 안타까운 것은 오늘날 흔히 말하는 피아골은 정유재란 당시 정토를 침략하는 왜구들에 맞서 순국(殉國)한 의병과 승병들의 항전으로 "피가 흘러 강이 되니 푸른 물이 붉게 물들었다" 하여 지어진 '혈천(血川)'을 순우리말로 풀어낸 것으로 '피내골'이라는 참으로 가슴 아픈 석주관의 역사가 세월에 묻히면서 변형된 것이다.

조선시대 민관(民官)의 기록에 '직전동(稷田洞)'이라 하였을 뿐 속칭 피아골이라 하였다는 기록이 없고, 구례 봉성지 절의편(節義篇)에 석주관 순국의 역사를 상세히 기록하면서 끝에 "후인명기전처왈혈천(後人名其戰處曰血川) 후인들이 그 전투가 벌어진 석주관을 일러 혈천(血川)이라 한다"고 기록하였으니, 피아골[13]은 혈천, 즉 피내골 순국의 역사가 우리말로 변한 것이 맞다.

동국여지승람에는 "석주진(石柱鎭): 현의 동쪽 15리에 있다. 남쪽과 북쪽이 모두 큰 산이고 가운데에 큰 강이 있다. 고려 말년에 진(鎭)을 두고 왜(倭)를 막던 곳이나 지금은 다만 옛터만 있다" 하였고, 증보문헌비고(增補文獻備考)에는 "석주관: 동쪽으로 25리에 있으며, 좌우로 산세가 험하고, 강변에 길이 있는데, 사람과 말이 가까스로 지난다. 북쪽에는 커다란 협곡이 있고, 그 안에 수십 리의 긴 강이 있다. 고려 말기에 왜구를 막기 위하여 강의 남북쪽 산에 성을 쌓았는데 지금은 없어지고, 성터만 남아 있다. 여기에서 호남과 영남으로 나누어진다" 하였는데, 이 가운데 "북쪽에는 커다란 협곡이 있고, 그 안에 수

---

13) 피아골: 전라남도 구례군(求禮郡) 토지면(土旨面) 내동리(內東里)에 있는 지리산(智異山)의 한 계곡. 길이 약 25km. 연곡사(燕谷寺)에서 반야봉(般若峰, 1,751m)에 이르는 연곡천 계곡이다. 지리산 주봉의 하나인 반야봉 중턱에서 발원한 계곡물은 임걸령·불무장 등의 활엽수림지대를 지나 연곡사를 거쳐 섬진강으로 흐른다. 임진왜란·조선말 격동기·여순반란사건·6·25 등 나라가 어지러울 때마다 많은 사람이 목숨을 잃은 곳이다.

십 리의 긴 강이 있고. 여기에서 호남과 영남으로 나누어진다" 한 것은 지금의 피아골을 말하는 것으로 이는 석주관과 피아골이 하나임을 말하는 것이며, 석주관의 기록이 곧 피아골의 기록임을 말하는 것이다.

그러나 아직도 어리석은 이념에 사로잡힌 일부 식자들은 문학이라는 미명으로 이 가슴 아픈 '피내골' 순국의 역사를 지주(地主)14)들의 수탈과 1948년 10월 20일 여순반란사건을 일으켜 섬진강 유역을 유린하고, 수많은 양민들을 학살하고, 6·25 당시 후방을 교란하고, 마을을 불사르고, 주민들을 학살한 지리산 빨치산들을 미화하는 역사로 왜곡하고 날조(捏造)하여 버렸으니, 이 얼마나 안타까운 일인가!

하루속히 피아골의 역사를 4백 년 전 강토를 침략하는 수많은 왜적을 맞아 시산혈해를 이루며 순국한 이름 없는 의병들의 넋을 위로하고 미래의 교훈으로 삼는 의로운 정신문화계승으로 바로 세워야 할 것이다.

다음은 봉성지 불우편(佛宇篇)에 나오는 오산 연기암(烟起庵)과 김여동(金麗東)의 시(詩)다.

烟起庵在鰲山하니 依石創建한대 僧烟起道詵別號가 所住故
연 기 암 재 오 산　　　의 석 창 건　　　승 연 기 도 선 별 호　　소 주 고
로 名焉이라
　　명 언

연기암은 오산에 있는데 바위를 의지하여 창건하였다. 승려 연기(烟起)는 도선국사의 다른 이름인데 대사가 그곳에 머무른 연유로 그런 이름이 붙여진 것이다.

---

14) 지주(地主): 〈명사〉 ① 땅임자. ② 자기의 땅을 빌려 주고 땅값(지대)을 받는 사람. ③ 그 땅에서 사는 사람.

주(註): 오산 암자를 연기암이라 하고 암자의 창건주를 화엄사를 창건했다는 연기(緣起)라는 승려와 혼동하며 도선국사를 연기(烟起)라고 하는 것으로 보아 세속에서 떠도는 이야기를 쓴 것일 뿐 화엄사나 송광사, 즉 사성암의 공식적인 기록으로는 보이지 않는다.

1872년 제작된 지방도(地方圖)에도 연기암(烟起庵)으로 되어 있는데, 이는 오산 사성암의 이름이 세월에 따라 다르고 사람에 따라 달랐음을 말하는 것이다.

특히 대대로 승려들과 구례 민생들에게 신성한 존재인 오산을 돼지에 비유, 비하(卑下)한 김여동(金麗東)의 글을 연기암과 함께 실은 것을 보면, 당시 봉성지를 찬술하던 유생들의 관점에서 전혀 검증되지 않은 소문을 사사로이 쓴 것으로 보인다.

五嶽衡山最
오 악 형 산 최

오악(五嶽)15)은 형산(衡山)16)이 제일이고

猫龍出衆魚
묘 룡 출 중 어

묘룡(猫龍)은 물고기 가운데 으뜸이라네.

若此鰲山勝
약 차 오 산 승

이처럼 오산이 빼어났다고는 하나

遼東頭白猪
요 동 두 백 저

요동(遼東)의 머리 흰 돼지라네.

---

15) 오악(五嶽): 오악은 중국의 오행사상에서 유래된 것으로 신앙적 의미가 있는 산악이다. 중국의 옛 신앙에 나오는 5대 명산. 동악 태산(泰山), 남악 형산(衡山), 서악 화산(華山), 북악 항산([恒山), 중악 숭산(嵩山)을 가리킨다. 중국에서는 예로부터 산악·산신을 숭배하였는데, 차차 숭배 대상이 되는 중심적인 산악이 생겼다.

16) 형산(衡山): 중국 오악(五嶽) 가운데 남쪽에 있는 산. 후난성(湖南省) 가운데에 있으며, 샹강(湘江)과 쯔수이강(資水江)을 갈라놓는다. 사찰이 많고 교통의 요지이며 산물의 집산이 활발하다. 높이는 1,265미터.

주(註): 오산을 평한 김여동의 글에서 요동두백저(遼東頭白猪)는 요동지시(遼東之豕)[17]의 고사를 인용한 것으로, 오산의 경치가 빼어나기는 하지만 주변의 수많은 산들 가운데 하나라는 비하의 글이며, 동시에 당시 중국을 향한 유생(儒生)[18]들의 모화사상(慕華思想)[19]이 어떠하였으며, 불교가 유생들로부터 어떤 취급을 받고 있었는지 엿볼 수 있는 대목이다.

다음의 사진은 오산 봉우리 남쪽 계곡 마고동(麻姑洞)에 있다는 신선대(神仙臺)다.

마고동(麻姑洞) 신선대(神仙臺 우측 돌기둥) 상대(上臺) 하대(下臺)

---

17) 요동지시(遼東之豕): 〈명사〉 요동 땅의 돼지. 남이 보기에는 대단찮은 물건을 대단히 귀한 것으로 생각하는 어리석은 태도를 말한다. (출전: 후한서 주부전) 옛날 요동에서 어떤 돼지가 대가리가 흰 새끼를 난 것을 신기하게 여겨 이것을 임금께 바치려고 하동으로 갔더니 그곳 돼지는 모두 대가리가 흰 것이어서 부끄러워 도로 돌아왔다는 고사에서, '견문이 좁아 신기하게 여기지만 실은 흔히 있는 일임'을 비유하는 말.

18) 유생(儒生): 〈명사〉 유도(儒道)를 닦는 선비. 〈동의어〉 유자(儒者). 장보.

19) 모화사상(慕華思想): 〈명사〉 (지난날) 중국이나 중국 것을 섬기며 따르려는 사상.

　사진 우측 암벽 옆에 거대한 돌기둥처럼 서 있는 2개의 바위봉우리를 말하는데, 위에 있는 것은 상대(上臺) 아래에 있는 것은 하대(下臺)로 부르고 있으며, 그 위에는 오래된 소나무들이 있지만 바위 밑에 있다는 명천(鳴泉)은 찾지 못하였다.

제7장

백분화의 시 소개

小溪短艇橫淸淺
소 계 단 정 횡 청 천

나룻배는 협곡의 맑은 물을 가로지르고

朝出白鷄山下路
조 출 백 계 산 하 로

이른 아침 백계산(白鷄山)을 나와 산 아래 길을 따라

暮投鑽燧驛東鄕
모 투 찬 수 역 동 향

해 질 녘 찬수역(鑽燧驛)[1] 동쪽 마을에 들었노라.

小溪短艇橫淸淺
소 계 단 정 횡 청 천

나룻배는 협곡의 맑은 물을 가로지르고

落日孤村入杳茫
락 일 고 촌 입 묘 망

지는 해는 외딴 마을 멀고 아득한 데로 들어가네.

絕壁亂雲銀闕湧
절 벽 난 운 은 궐 용

절벽을 어지러이 떠도는 구름은 은빛 궁궐이 솟은 듯하고,

遠山狂燒火城長
원 산 광 소 화 성 장

먼 산 미친 듯이 타는 것은 긴 화성(火城)[2]이라네.

---

1) 찬수역(鑽燧驛): 동국여지승람 구례현 편에 "잔수역(潺水驛)의 옛 이름은 찬수(鑽燧)이며, 거
   수진(㴝水津) 언덕에 있다" 하였다.

夜深困臥初驚夢
야 심 곤 와 초 경 몽

밤이 깊어 곤한 잠에 들었다가 꿈에 놀라 깨어 보니

背壁殘燈半映床
배 벽 잔 등 반 영 상

벽을 등진 희미한 등불이 침상의 반을 비추고 있네.

〈남양시집(南陽詩集)에서 발췌〉

주(註): 위 소계단정횡청천(小溪短艇橫淸淺)이라는 제하의 시(詩)는 고려시대 최충헌[崔忠獻, 1149~1219(의종 3~고종 6)]의 무단정권(武斷政權)으로 피폐해진 난세에 벼슬을 하다 44세의 젊은 나이로 요절한 백분화(白賁華, 1180~1224)가 지금의 구례읍 병방(丙方)마을에서 하룻밤을 유숙하며 감회를 읊은 것이다.

고려의 시인 백분화가 머무른 잔수진 마을 전경

백분화가 쓴 "소계단정횡청천(小溪短艇橫淸淺)"이라는 제하의 시는 좌측 고깔모자를 벗어 놓은 것 같은 병방산 아래 병방마을에서 하룻밤을 머무르며 지은 것이다. 압록을 지나온 섬진강이 황전천을 만나 물머리를 북으로 틀어 오산을 휘돌아 가는데 잔수진 건너 오산 사성암이 보이고 멀리 지리산 만복대와 노고단과 반야봉이 보인다. 잔수진(潺水)라는 이름은 이 병방산(丙方山)의 옛 이름인 찬수(鑽燧)에서 비롯된 것이다.

---

2) 화성(火城): 적의 침입을 막기 위해 줄지어 늘어세운 횃불, 당대(唐代)에 원단(元旦)과 동지(冬至)의 조회(朝會)에 수많은 횃불을 궁중에 늘어세우던 일, 여기서는 백분화가 잔수강 건너 지금의 병방산 아래 강변마을에서 유숙하며 목격한 붉은 저녁노을을 말하는 것이다.

시에 아침 일찍 백계산을 출발하여 "해 질 녘 찬수역(鑽燧驛) 동쪽 마을에 들었다" 하였고, 동국여지승람에 "잔수역(潺水驛)은 옛 이름이 찬수(鑽燧)이며, 잔수진 언덕에 있다" 하였으니, 바로 여기 병방마을을 말하는 것이며, "절벽을 어지러이 떠도는 구름은 은빛 궁궐이 솟는 듯하다"는 구절은 병방마을에서 잔수강 건너 바라본 오산 정상 절벽에 있는 사성암을 표현한 것으로, "황홀하기가 공중의 누각과 같다"는 연담대사의 사성암 중창문과 그 맥이 같은 것이다.

먼 산 미친 듯이 타는 것은 긴 화성(火城)이라는 것은 다음의 사성암 사진을 보면 충분히 이해할 수 있는 광경이다.

여기서 말하는 찬수역(鑽燧驛)의 찬수(鑽燧)는 중국 고대의 삼 황제(黃帝)의 한 사람으로 처음 부싯돌3)로 불을 만들어 천하를 다스린 수

저녁 햇살에 붉게 빛나는 오산 사성암 바위군락의 전경

고려의 시인 백분화가 잔수진에서 하룻밤을 지내면서 지은 시에 먼 산 미친 듯이 타는 것을 긴 화성(火城)이라고 한 것은 이것을 두고 읊은 것이다. 지금이야 이 높은 산꼭대기에서도 기름으로 밥을 짓고 잠자리를 덥히는 연유로 숲이 우거졌지만 근처에 숲이 없고 온통 바위뿐이었을 당시를 상상하면 고려의 시인 백분화의 시심을 충분히 공감할 수 있다. 〈양승용 촬영〉

---

3) 부싯돌: 부시로 쳐서 불을 일으키는 데 쓰는 석영(石英)의 하나. 아주 단단하고 회색, 갈색, 검은색 따위를 띤다. 비슷한 말, 수석(燧石)·화석(火石).

인씨(燧人氏)⁴⁾의 기록에 나오는 것으로, 구례역 앞에서 바라보면 강 건너 뾰족하게 솟아오른 병방마을 병방산(丙方山 163m)의 형세를 불을 얻는 부싯돌로 본 연유로 붙여진 이름이며, 병방산(丙方山)의 이름을 풀어 보면, 병(丙)은 불[화(火)]이고 방(方)은 술법(術法), 즉 방법을 말함 이니, 병방산은 불을 일으키는 산, 즉 부싯돌이라는 뜻이다.

아울러 역사적 관점에서 보면 잔수역(潺水驛)을 고려시대 '찬수역(鑽 燧驛)'이라 불렀고, 동국여지승람에 "잔수역(潺水驛)은 옛 이름이 찬수 (鑽燧)였다"라고 한 기록에서 보듯이, 지금의 잔수진(潺水津) 잔수강(潺 水江)이라는 이름은 이 병방산(丙方山)의 옛 이름인 찬수(鑽燧)에서 비롯 된 것으로, 즉 보다 쉽게 표현하는 발음의 편의상 찬수(鑽燧)가 지역 민들의 일상적인 생활 속에서 잔수(潺水)로 통용되다 고착된 것이다.

---

4) 수인씨(燧人氏): 중국 고대 전설에 나오는 제왕(帝王). 삼황(三皇)의 한 사람이다. 아주 오랜 옛날에는 사람들이 불을 알지 못하였기 때문에 음식을 날로 먹어 병이 끊이지 않았다. 그때 한 성인(聖人)이 나타나 수(燧 : 부싯돌)로 불을 피워 음식을 익혀 먹는 방법을 가르쳤다. 사람들은 그를 천자(天子)라 하였고 수인씨(燧人氏)라 했다. 수인이 기록에 나온 것은 전국시대 말이다.

제8장

도안대사 사성암 인연 글

月渚堂 道安大師[1]
월 저 당 도 안 대 사

奉別龍岡柳使君龜徵還京
봉 별 용 강 유 사 군 구 징 환 경

서울로 돌아가는 용강 사군(使君)[2] 유구징(柳龜徵)을 보내면서

鰲山牛嶽一春風
오 산 우 악 일 춘 풍

오산(鰲山)과 우악(牛嶽)이 온통 봄바람인데

草木光輝雨露中
초 목 광 휘 우 로 중

비와 이슬 속에 초목이 찬란하게 빛난다.

鈴閣絃歌欣蹈舞
령 각 현 가 흔 도 무

영각(鈴閣)에서 울려 퍼지는 현가(絃歌)에 기뻐 춤을 추고

梵輪鐘鼓幸西東
범 륜 종 고 행 서 동

범륜(梵輪)의 종과 북은 동서로 울려 퍼진다.

---

1) 도안 (道安, 1638~1715): 조선 후기의 승려. 본관은 평양. 호는 월저(月渚)이다. 속성은 유
   (劉)씨, 본관은 평양(平壤)이다. 9세 때 사미(沙彌)가 되어 구족계(具足戒)를 받고, 금강산에
   들어가 의심(意諶)의 지도를 받으면서 휴정(休靜)의 밀전(密傳)을 연구하여 화엄학(華嚴學)에
   통달하였다. 1664년(현종 5) 묘향산보 현사(普賢寺)에 들어가 화엄의 대의(大義)를 강설하였
   는데, 그때부터 그를 화엄의 종주(宗主)라 불렀다. 언기(彦機)·의심 두 승려가 계획했다가 이
   루지 못한 《화엄경》의 번역 작업을 완성하고, 평안도·황해도를 돌며 도속(道俗)을 권화(勸
   化)하였으며, 《화엄경》, 《법화경(法華經)》 등 1,100여 권을 간행하여 전국 명산 사찰에
   반포한 후 묘향산 진불암(眞佛庵)에서 죽었다. 화장 후 사리 3과를 수습하여 보현사 해남 대
   흥사(大興寺), 평양의 세 곳에 부도(浮屠)를 세워 봉안하였다. 문집으로는 《월저집》이 있다.

2) 사군(使君): 〈명사〉 '사신(使臣)'의 높임말.

九衢天路朝宗去
구 구 천 로 조 종 거

구구(九衢)3)의 천로(天路)4)를 따라 조종(朝宗)5)으로 떠나간다니

千里關河夢想通
천 리 관 하 몽 상 통

천리 관하(關河)6)라 몽상(夢想)만이 통할 수 있으리.

石室朱門從此隔
석 실 주 문 종 차 격

석실(石室)에 주문(朱門)7)의 발걸음 지금부터 막히리니

鳳城回望五雲籠
봉 성 회 망 오 운 농

돌아보니 봉성(鳳城)은 오운(五雲)에 가렸네.

次謝寄金秀而重
차 사 기 김 수 이 중

김수에게 거듭 사례하여 부치는 글

頃往孤山山上刹
경 왕 고 산 산 상 찰

지난번 외로운 산 위에 있는 절에 갔었을 때

剝喙雲扉謁據梧
박 훼 운 비 알 거 오

구름에 가린 사립문을 두드려 열고 거오(據梧)를 뵈었다.

據梧高才早博雅
거 오 고 재 조 단 아

거오(據梧)의 뛰어난 재능은 일찍부터 넓고 고상해

左有經書右畵圖
좌 유 경 서 우 화 도

왼쪽에는 경서(經書)가 있고 오른쪽에는 그림이 있었다.

---

3) 구구(九衢): ① 국도(國都) 안의 아홉 개의 큰길. 九逵(구규). ② 도읍(都邑). 서울.

4) 천로(天路): ① 천자의 정사(政事). ② 하늘의 법칙. ③ 하늘나라의 길 또는 아주 먼 길.

5) 조종(朝宗): 〈명사〉 ① 제후가 천자를 뵙던 일. ② '강물이 바다로 흐름'을 비유하는 말.

6) 관하(關河): ① 함곡관(函谷關) 등의 관소와 황하(黃河). 전쟁터가 되는 요해처(要害處)를 이름. ② 산하(山河). ③ 어려운 여행길 또는 먼 여로(旅路).

7) 주문(朱門): 지위 높은 관리의 집. 즉 벼슬아치를 말함.

架挿牙籤詩鋪滿
가 삽 아 첨 시 포 만

서가(書架)에는 꽂아 놓은 아첨(牙籤)[8]과 펼쳐 놓은 시로 가득하고,

談霏玉屑聲價孤
담 비 옥 설 성 가 고

쏟아 내는 말과 옥설(玉屑)[9]은 그 성가(聲價)[10]가 외롭다.

汪洋萬頃莽空闊
왕 양 만 경 망 공 활

넓고 넓은 큰 바다는 아득히 비고 광활하며

逕庭千里無方隅
경 정 천 리 무 방 우

경정(逕庭)[11] 천리에는 방우(方隅)[12]가 없다.

仁風吹萬草木欣
인 풍 취 만 초 목 흔

어진 바람은 만물에 불어 초목이 기뻐하고

德馨四遠聞寰區
덕 형 사 원 문 환 구

덕의 향기는 사방에 퍼져 온 천하에 퍼진다.

與遊者誰兩金生
여 유 자 수 양 김 생

그와 친해 함께 놀 사람은 두 김생(金生)인데

德水龍村山澤癯
덕 수 용 촌 산 택 구

덕수(德水)와 용촌(龍村)에는 산과 늪이 병들었네.

海內[13]名聲偃衆草
해 내　　명 성 언 중 초

나라 안에 퍼진 명성(名聲) 온갖 풀이 휩쓸리고[14]

---

8) 아첨(牙籤): 상아로 만든 책의 표제(標題)를 적은 표(標).

9) 옥설(玉屑): 시문 중에 아주 잘된 구절을 일컫는 말.

10) 성가(聲價): 세상의 좋은 평판.

11) 경정(逕庭): 엉뚱하게 틀림. 경(逕)은 지극히 좁은 것이고 정(庭)은 아주 넓음을 뜻하는 것으로서 큰 차이가 남을 말한다.

12) 방우(方隅): ① 전체(全體)의 면적(面積) 중(中)의 한 모퉁이. ② 경계선(境界線).

13) 해내(海內): 〈명사〉 (바다로 둘러싸인 육지라는 뜻으로) '나라 안'을 일컫는 말.

14) 이는 풀 위에 바람이 지나가면 그 바람이 지나간 방향으로 풀이 드러눕는다는 말에서 인용한 것으로 덕망 있다는 이름에 모두 그에게로 몰려드는 것을 말함.

寰中道樞無煩紆
환 중 도 추 무 번 우

환중(寰中)의 그 도추(道樞)[15]는 번거로운 얽힘이 없다.

賓主風流影響隨
빈 주 풍 류 영 향 수

손과 주인의 풍류(風流)가 영향(影響)[16]처럼 따르는데

登臨酬唱盍往乎
등 임 수 창 합 왕 호

높은 데 올라 주고받으니 어찌 가지 않을 수 있겠는가.

招呼猿鶴守孤庵
초 호 원 학 수 고 암

잔나비와 학을 불러 외로운 암자 지키게 하고,

犖确山徑行筇扶
락 학 산 경 행 공 부

돌 바위 많은 산길을 지팡이 짚고 나다닌다.

山高萬仞仰弥高
산 고 만 인 앙 미 고

만 길 높은 산은 쳐다볼수록 더욱 높아만 보이고

路指三淸難進途
로 지 삼 청 난 진 도

삼청(三淸)으로 가는 길을 가르쳐 주나 나아가기 어려워라.

馬崎巖巒轉崒崒
마 치 엄 만 전 률 줄

커다랗게 우뚝 솟은 둥근 바위봉우리는 더욱 높고 험하니

鰲山迢遞誠崎嶇
오 산 초 체 성 기 구

오산(鰲山)은 멀고 멀어 참으로 가파르고 험한 산이다.

崎嶇出入俯仰中
기 구 출 입 부 앙 중

가파르고 험한 산길 오르내리며 굽어보고 올려다보면

雪滿江山水滿湖
설 만 강 산 수 만 호

강산에는 눈이 가득하고 호수에는 물이 가득하다.

---

15) 도추(道樞): 사물의 상대적인 참과 거짓, 옳고 그름의 대립을 넘어선 절대적인 도(道)의 경
　　지. ≪장자≫의 〈제물론〉에서 나온 용어이다.

16) 영향(影響): 메아리와 그림자.

孤園咫尺祇樹圍
고 원 지 척 기 수 위

급고독원(給孤獨園) 지척에 기수(祇樹)가 둘러져 있나니

閬風森列神仙徒
랑 풍 삼 열 신 선 도

낭풍산(閬風山) 숲이 빽빽하듯 신선의 무리다.

獜角鳳觜世莫知
린 각 봉 자 세 막 지

기린 뿔과 봉의 부리 세상 사람은 모르는데

詩豪酒聖皆丈夫
시 호 주 성 개 장 부

시호(詩豪)와 주성(酒聖)들 그 모두가 대장부로다.

四海高名振英聲
사 해 고 명 진 영 성

사해(四海)에 높은 이름 영걸(英傑)한 명성 떨치니

弥天是誰僧寶珠
미 천 시 수 승 보 주

미천(彌天)[17]은 그 누구인가. 스님 중에 보배이다.

三仙鼎坐較敲推
삼 선 정 좌 교 고 퇴

세 신선이 둘러앉아 고퇴(敲推)[18]를 견주는데,

一愚忝厠談有無
일 우 첨 측 담 유 무

어떤 우부(愚夫)는 참견하여 유무(有無)를 이야기한다.

數日雲房共遊戱
수 일 운 방 공 유 희

며칠을 운방(雲房)에서 함께 놀았는데

三生仙債同歡娛
삼 생 선 채 동 환 오

세 신선처럼 살면서 다 같이 즐겨 보자.

是時風饕又雪虐
시 시 풍 도 우 설 학

때맞추어 바람 세차고 눈보라 사나우니

---

17) 미천(彌天): 중국 도안(道安)스님의 호인데 여기에서는 저자 도안스님이 중국의 도안스님과
   같아서 그렇게 불렀던 것 같다.

18) 고퇴(敲推): 〈명사〉 '민다.' '두드린다.'는 뜻으로, 시문(詩文)을 지을 때 자구(字句)를 여러
   번 생각하여 고침을 이르는 말.

乾坤皓皓迷蓬壺
건 곤 호 호 미 봉 호

넓고 텅 빈 하늘과 땅 봉호(蓬壺)[19]인가 의심했다.

寂滅淸談啓玉齒
적 멸 청 담 계 옥 치

적멸(寂滅)에 대한 맑은 이야기에 옥 같은 흰 이를 드러내고

銷搖逸興金盃斛
소 요 일 흥 금 배 구

고요해진 그 흥취를 금잔(金盃)으로 떠올린다.

耀日銀花映玲瓏
요 일 은 화 영 령 롱

햇빛에 빛나는 은빛 꽃은 영롱하게 비치고,

折綿寒威襲襜褕[20]
절 면 한 위 습 첨 유

솜옷을 찢는 것 같은 매서운 한파에 첨유(襜褕)를 껴입었다.

己到何嫌登福地
기 도 하 혐 등 복 지

이미 이르렀거니, 복지(福地)에 오를 것을 어찌 꺼리리.

重遊預約飮屠蘇
중 유 예 약 음 도 소

다시 즐기자고 미리 언약하며 도소주(屠蘇酒)[21]를 마시네.

安得長繩繫白日
안 득 장 승 계 백 일

어떻게 하면 긴 새끼줄로 저 해를 동여매어

一世如是同踟躕
일 세 여 시 동 지 주

한세상 이와 같이 떠나지 않고 함께 즐겨 보리.

〈출전(出典): 월저당(月渚堂) 도안대사집(道安大師集) 권상(卷上)〉

---

19) 봉호(蓬壺): 신선이 산다는 섬. 그 모양이 병 모양과 비슷하다 하여 붙여진 이름.

20) 첨유(襜褕): 가슴에 늘여 무릎을 가리는 헝겊. 짧은 홑옷.

21) 도소주(屠蘇酒): 설날 아침에 마시는 약주. 도소(屠蘇)라는 말은 소(蘇)라고 하는 악귀를 물리친다는 뜻으로, 연초에 마시는 술에 넣기 위해 후한(後漢)의 화타(華陀) 또는 당(唐)나라의 손사막(孫思邈)이 처방하였다고 전한다. 도소주는 도라지 산초(山椒)·방풍(防風)·백출(白朮)·육계피(肉桂皮)·진피(陳皮) 등을 조합하여 빚는데, 이 술을 설날 아침에 차례를 마치고 세찬과 함께 마시면 사기(邪氣)를 물리치고 오래 산다고 한다.
도소주를 마시는 풍습은 중국에서 시작되었으며, ≪동국세시기(東國歲時記)≫에는 설날 조상에게 차례를 지내고 초백주(椒栢酒)를 마신다 하였고, 설날에 도소주와 교아성(膠牙餳)을 올린다고도 기록되어 있다.

제9장

오산 도선사 옛터에 올라서

懸辯¹⁾ 枕肱大師 지음
현 변　침 굉 대 사

題鰲山庵
제 오 산 암

오산 암자에서

山高岩逈接雲端
산 고 암 형 접 운 단

높은 산 빼어난 바위는 상서로운 구름을 벗하고

世外仙都日月閑
세 외 선 도 일 월 한

세속을 벗어난 신선 고을에는 해와 달이 한가롭다.

石室蕭然僧入定
석 실 숙 연 승 입 정

고요한 석실(石室)에서 스님은 선정에 들었고

不關秋色亂層巒
불 관 추 색 난 층 만

무관한 가을빛만 겹겹이 싸인 산에 어지럽다.

---

1) 현변(懸辯, 1616~1684): 조선 후기의 승려, 호는 침굉(枕肱), 자는 이눌(而訥), 법휘(法諱)
는 현변(懸辯)이다. 전남 나주에서 출생하였으며 俗姓은 윤(尹)씨이다. 12세에 보광(葆光)에
게 출가하여 13세에 서산대사(西山大師)의 수제자인 소요당(逍遙堂)을 찾아 지리산으로 가서
그의 제자가 되었고, 나중에 선승(禪僧)으로 오도자(悟道者)의 칭호를 받았는데, 69세 때에
금화산(金華山)에서 죽었다. 문집 ≪침굉집(枕肱集)≫에 그의 가사 〈귀산곡(歸山曲)〉, 〈태평
곡(太平曲)〉, 〈청학동가(靑鶴洞歌)〉의 3편이 실려 전한다.

登鰲山有道詵古跡
등 오 산 유 도 선 고 적

오산 도선사(道詵寺) 옛터에 올라서

直凌鰲峀扣雲扃
직 릉 오 수 구 운 경

우뚝 솟은 오산 바위굴 구름이 잠근 문을 두드리니

岩老松寒鶴不驚
암 노 송 한 학 불 경

바위에서 늙은 소나무는 말이 없고 두루미는 놀라지도 않네.

石幀²⁾依然人已遠
석 탱   의 연 인 이 원

돌에 조성한 약사여래는 예전 그대로이거만 사람은 이미 멀어졌고

至今千載月空明
지 금 천 재 월 공 명

지금에 이르도록 천년 세월을 달만 하늘에서 밝았네.

〈침굉집(枕肱集)에서 발췌〉

　주(註): 시(詩)의 제목인 오산암(鰲山庵)은 암자의 이름이 아니고 오산 암자에서 지었다는 뜻이며, "등오산유도선고적(登鰲山有道詵古跡)"에서 고적(古跡)³⁾은 시의 내용이 침굉대사가 사람을 회상하는 것이 아니고 옛터를 둘러보면서 감회를 읊은 것이므로, "오산 도선사(道詵寺) 옛터에 올라서"가 옳은 해석이다.

---

2) 석탱(石幀): 석조탱(石彫幀), 여기서는 사성암 동쪽 암벽에 조성하여 모신 약사여래, 즉 지금의 약사전 약사여래를 말한다.
3) 고적(古跡): (古蹟/古迹) 〈명사〉 남아 있는 옛날의 물건이나 자취. 〈유사어〉 유적(遺蹟). 명승 〜.

박혜범(朴慧梵)

속명(俗名): 명엽(明葉)
호(號): 음풍토운(飮風吐雲)
전남 곡성읍 동악산 출생(1955)
한국문인회(곡성지부) 회원
한국불교문인협회 회원
한맥문학 동인회 회원
곡성읍 동악산에서 섬진강 정신문화를 연구하고 있음.

『원홍장과 심청전』(평설집(評說集), 2003)
『역사천자문(歷史千字文)』(2005)
『도채위경(淘採爲耕)』(2007)
『동리산 사문비보(桐裏山 沙門裨補)』(2009)
『천간지비 동악산』(2010)
『조선역사 천자문』(2010)
외 소설과 시 등 다수 발표

전남 곡성군 곡성읍 월평리 93-1
이메일: tjdah0324@hanmail.net

삼한통일 고려 창업의 역사

오산의 역사

초판인쇄 | 2010년 10월 29일
초판발행 | 2010년 10월 29일

지은이 | 박혜범
펴낸이 | 채종준
펴낸곳 | 한국학술정보㈜
주   소 | 경기도 파주시 교하읍 문발리 파주출판문화정보산업단지 513-5
전   화 | 031) 908-3181(대표)
팩   스 | 031) 908-3189
홈페이지 | http://ebook.kstudy.com
E-mail | 출판사업부 publish@kstudy.com
등   록 | 제일산-115호(2000. 6. 19)

ISBN   978-89-268-1600-4 03090 (Paper Book)
          978-89-268-1601-1 08090 (e-Book)

이담 Books 는 한국학술정보(주)의 지식실용서 브랜드입니다.